물리학, 쿼크에서 우주까지

Good morning Good night

'굿모닝 굿나잇'은 21세기 지식의 새로운 표준을 제시합니다.
이 시리즈는 (재)3·1문화재단과 김영사가 함께 발간합니다.

물리학, 쿼크에서 우주까지

1판 1쇄 인쇄 2023. 2. 22.
1판 1쇄 발행 2023. 3. 1.

지은이 이종필

발행인 고세규
편집 박민수 | 디자인 정윤수 | 마케팅 고은미 | 홍보 이한솔
본문 일러스트 최혜진
발행처 김영사
등록 1979년 5월 17일(제406-2003-036호)
주소 경기도 파주시 문발로 197(문발동) 우편번호 10881
전화 마케팅부 031)955-3100, 편집부 031)955-3200 | 팩스 031)955-3111

ISBN 978-89-349-5116-2 04300
    978-89-349-8910-3 (세트)

홈페이지 www.gimmyoung.com   블로그 blog.naver.com/gybook
인스타그램 instagram.com/gimmyoung   이메일 bestbook@gimmyoung.com

좋은 독자가 좋은 책을 만듭니다.
김영사는 독자 여러분의 의견에 항상 귀 기울이고 있습니다.

이 책의 본문은 환경부 인증을 받은 재생지 그린LIGHT에 콩기름 잉크를 사용하여 제작되었습니다.

물리학,
쿼크에서
우주까지

이종필 지음

세상을
움직이는
법칙을 찾아서

김영사

차례

신의 뜻을 알고 싶은 분들에게

물리학은 과학의 전형prototype이다. 17세기 과학혁명으로 근대과학이 자리 잡기 시작했을 때 그 모태는 물리학이었다. 특히 뉴턴역학의 성공은 다른 분야까지 퍼져나갔고 심지어 프랑스 계몽주의에도 큰 영향을 미쳤다. 과학은 결과라기보다 과정이고 방법론이며 사유의 방식이다. 그걸 제대로 배우고 싶다면 다른 어느 분야보다 물리학을 선택해야 한다. 물리학은 혁명적 사유의 보물 창고와도 같다.

물리학의 또 다른 매력은 자연의 가장 근본적인 요소를 탐구한다는 점에 있다. 물리학은 눈에 보이는 현상 이면의 가장 근본적인 법칙, 본질적인 원리를 추구한다. 덕분에 지구에 앉아서도 천상의 변화를 알 수 있고 우주의 나이와 크기를 가늠할 수도 있다. 물리학을 통해 우리는 전기가 사람을 대신해 일을 하게끔 하고, 눈에도 보이지 않는 전파를 이용해 통신을 하거나 신나는 동영상을 언제 어디서든 즐길 수도 있다.

연구 대상이 자연의 구성 요소인 만큼 물리학에 발을 들이면 이 우주 삼라만상을 구성하는 최소 단위의 레고 블록을 만지작거릴 수 있다. 인간은 전자를 발견한 지 거의 50년 만에 트랜지스터를 만들어냈고 이후 전자혁명의 시대를 열었다. 또한 원자핵을 발견한 지 30년도 되기 전에 그 속에 엄청난 에너지가 숨어 있음을 알게 됐다. 그 결과는 인류 역사를 새로 썼으며 전쟁의 개념조차 완전히 바꿔버렸으니, 생명의 비밀을 간직한 유전자의 비밀을 분자 수준에서 알게 된 뒤로 유전자를 편집할 수 있게 된 것과도 같은 이치다. 물리학자들은 자신들의 레고 블록을 짜 맞추어 태양 같은 별이 빛을 내는 과정을 지상에서 재현하려 하고 있다. 먼 미래에는 별뿐만 아니라 우주의 모든 것을 그런 식으로 만들어낼지도 모른다.

물리학의 세 번째 매력은 눈에 보이지 않는 이 세상 가장 작은 단위부터 은하와 은하단, 심지어 우주 전체에 이르는 가장 큰 단위까지 다룬다는 점에 있다. 과학의 다른 분야, 다른 어떤 학문에서도 이런 포괄성은 찾기 어렵다. 화학은 주로 분자 수준에서 일어나는 현상을 다룬다. 생물학은 분자들이 모여 이루는 세포와 기관 또는 그 이상의 생명체 단위에서 벌어지는 현상을 다룬다. 그런 생명체 가운데 호모 사피엔스라고 하는 특별한 종의 일상을 다루는 학문이 인문학이다. 다양한 생명체의 주변을 둘러싸고 있는 지질, 기후, 해양 등을 다루는 분야는 대체로 지구라는 행성 수준을 넘지 않는다. 지구를 벗어나 우주로 나가려면 우선 뉴턴역학부터 알아야 한다. 분자를 구성하는 원자의 본성을 파악하려면 신묘하기 이를 데 없는 양자역학을 배워야 한다.

흥미롭게도 가장 작은 단위에서 얻은 결과와 가장 큰 단위에서 얻은 결과는 서로 깊은 영향을 주고받는다. 원자 이하의 미시세계에서 벌어지는 일은 우주가 태초에 어떻게 형성되고 진화해왔는지에 관하여 결정적인 정보를 제공한다. 또 우주에 어떤 물질이 어떤 형태로 얼마나 존재하는가 하는 정보는 거꾸로 미시세계에 존재하는 요소들과 그들의 상호작용에 큰 영향을 끼친다.

끝으로 인간 지성의 경계를 넓히고 있다는 점도 물리학

의 매력으로 꼽을 수 있겠다. 이는 뉴턴 이전에도 사실이었고 지금도 사실이다. 특히 양자역학과 거기서 발전한 양자장론은 가히 인간 지성의 결정체라 할 수 있다. 양자역학은 인간의 직관 경험과 전혀 다른 현상을 다룬다. 원자 이하의 미시세계는 거시세계와 완전히 다르다. 이를 이해하기 위해 20세기 초의 초일류 과학자들조차 생각의 회로를 바꿔야만 했다. 인간의 생각 회로는 적어도 수십만 년, 길게는 수백만 년에 걸쳐 거시세계를 잘 이해하는 방식으로 진화해왔다. 볼링공과 깃털을 동시에 떨어뜨렸을 때 둘이 바닥에 동시에 떨어진다는 것이 과학적 사실임을 우리가 머리로는 알고 있다 하더라도 심리적으로 엄청난 저항감을 느끼는 건 그 때문이다. 그만큼 생각의 회로를 바꾸는 일은 어렵다. 수십만, 수백만 년에 걸친 진화의 압력을 거슬러 극복하고 이겨내야 하는 문제이니 말이다. 진화의 압력이란 마치 배가 고프면 밥을 먹어야 하고 졸리면 자야 하는 것과도 같다. 다이어트를 해본 사람이라면 이 압력을 거스르는 일이 얼마나 고통스러운지 잘 알 것이다. 양자역학을 이해하기 위해 생각의 회로를 바꾸는 데에도 그와 비슷한 지적 고통이 따른다. 하지만 양자역학은 충분히 그럴 가치가 있는 지식 체계다. 그리고 역설적이게도 바로 그런 이유로 현대물리학은 위대하다고 할 수 있다. 호모 사피엔스의 조상이 이 행성에 출현한 이래 기나긴 진화의 시간 속에서 인간이 그 엄청난 진화의 압력을 이겨내기 시작한 역사는 고작 100여 년 남짓이다.

사람들이 굳이 파리 루브르박물관까지 가서 직접 〈모나리자〉를 감상하는 이유는 그 작품이 인간 지성의 극치를 보여주는 좋은 사례이기 때문이다. 〈모나리자〉를 감상하는 일은 우리에게 밥을 먹여주지도 돈을 벌어다 주지도 않는다. 오히려 정반대로 많은 돈을 써야 할 수 있는 일이다. 그럼에도 사람들은 파리행 비행기에 몸을 싣는다. 양자역학도 그런 부류의 성취다. (다행히 양자역학을 감상하는 데에는 그만큼 큰돈이 들지 않는다. 요즘엔 양질의 유튜브 영상도 넘쳐난다.) 20세기까지는 양자역학의 원리가 실험실 단위에서 구현되는 정도였다면 21세기에는 이것이 일상생활의 기술로 전화하고 있다. 양자컴퓨터와 양자통신 기술은 이미 부분적으로 현실에 적용되기 시작했다. 이제는 '슈뢰딩거 고양이'를 모르면 시대에 한참 뒤처진 사람으로 취급받는다. 물리학은 21세기에도 여전히 인간 지성의 경계에서 대단히 중요한 역할을 담당

할 것이다.

17세기 초, 오랜 세월 천신만고의 계산 끝에 행성운동의 법칙을 처음 알아낸 요하네스 케플러는 이렇게 말했다.

전능하신 하느님, 제가 당신 다음으로 당신이 했던 생각을 알아냈습니다.

그로부터 다시 300여 년이 지난 뒤 아인슈타인은 이런 말을 남겼다.

나는 신의 생각을 알고 싶습니다. 나머지는 세부 사항일 뿐입니다.

한때는 신의 뜻을 알고 싶으면 종교 시설을 찾아가야 했다. 그러다 과학이 발전함에 따라 신의 뜻을 정확하게 알려주는 사람은 성직자에서 과학자로 바뀌었고 그중에서도 물리학자들은 쿼크에서 우주까지, 삼라만상의 모든 이치를 연구한다. 이 책은 그런 물리학자를 찾아가 신의 뜻을 묻고 싶은 분들에게 이를테면 소박한 '성경 소개서'를 제공하고자 하는 바람에서 쓰게 됐다. 나 또한 여전히 신의 뜻을 더 많이 알고 싶은 일개 물리학자에 불과하지만, 그 배움의 길에서 얻은 얄팍한 지식이나마 독자 여러분과 더불어 나누는 것도 큰 보람일 것이다.

정릉에서

세계를 해석하는
물리학

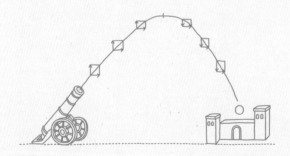

갈릴레이의 포물선 운동

1.
누구나 품은 질문에서
탄생한 과학

"세상은 무엇으로 만들어졌을까?"

인류가 이 행성에 출현한 뒤에 던졌음직한 질문의 순위를 매긴다면, 위 질문이 적어도 5위 안에는 들 것이라 확신한다. 아침부터 찬란하게 세상을 비추는 태양, 그 태양 빛을 머금고 반짝이는 나뭇잎과 수풀과 아름다운 꽃, 푸른 하늘과 구름, 드넓은 대양, 밤하늘에 빛나는 별을 보며 저 질문을 떠올려보지 않은 사람은 거의 없을 것이다.

'적어도 5위'라는 추정이 별 근거 없는 '뇌피셜'인 것만은 아니다. 무려 '철학의 아버지'라는 칭호를 갖고 있는 고대그리스의 탈레스는 "만물의 근원(아르케arche)은 물"이라는 명제를 남겼다. 탈레스의 언명은 '세상은 무엇으로 만들어졌을까?'라는 질문에 대한 가장 오래된 인류의 답변 중 하나다. 적어도 문헌적으로는 여기서부터 철학과 과학이 시작되었다.

만물의 아르케를 찾아서

신들이 어쩌고저쩌고하며 세상 돌아가는 이치를 논하던 시기에 만물의 '아르케'가 무엇인지를 물었다는 점에서, 탈레스의 명제는 탈신화적인 관점으로 볼 때 질문의 위대함을 말해주는 사례라 할 수 있다. 그 덕분에 탈레스는 과학책 서론에 늘 등장하는 인물이 되었다.

확실히 탈레스를 평가할 때 중요한 것은 답으로서의 물이 아니라 질문으로서의 아르케다. 물은 생명활동에 중요한 물질이므로 만물의 근원이 될 자질을 충분히 갖추고 있다. 후대의 엠페도클레스는 불과 공기, 흙을 더해 4원소설을 주창했고, 4원소설은 중세까지도 큰 영향을 미쳤다. 물론 현대적인 관점에서 4원소설은 대단히 엉성해 보인다. 18세기에 다양한 종류의 '공기'(기체)가 있음을 알게 됐으며 연소 현상은 산소와의 결합 과정임도 밝혀졌다. 19세기 초반 영국의 돌턴은 원자론을 도입해 화학 현상을 성공적으로 설명해냈다.

고대 그리스의 데모크리토스와 레우키포스가 원자론을 제시한 뒤 2,200여 년이 지난 시점이었다. 탈레스의 질문에 돌턴이 원자라는 답변을 제시한 것은 대단히 매력적이고 또 효과적이다. 뒤에서 살펴보겠지만, 현대 과학자들은 세상 만물이 쿼크와 전자를 비롯한 기본입자들로 구성돼 있다고 주장한다. 1960~1970년대를 거치며 형성된 기본입자들의 표준모형에는 열일곱 개의 입자가 있다. 4원소에 비하면 만물의 근원이 무척 많아진 셈이다.

확실히 만물의 근원이 물이나 흙, 공기, 불이라는 이야기보다는 쿼크와 전자라는 이야기가 훨씬 더 멋지고 현대적으로 들린다. 그러나 이는 다분히 '정답'에 초점을 맞춘 결론이다. 약간 관점을 바꾸면 한 가지 놀라운 사실을 알 수 있다. 바로 만물의 아르케가 무엇인가에 대한 답변은 수천 년에 걸쳐 수없이 많이 바뀌어왔지만, 그 '질문'은 거의 바뀌지 않았다는 것. 현대의 입자물리학 분야 역시 이 질문에 대한 답을 찾기 위해 특화된 분야다. 달리 말하자면 현대 과학자들도 여전히 고대 그리스의 탈레스가 쏘아 올린 아르케를 찾아 헤매고 있다는 뜻이다. 이것이 바로 질문 또는 올바른 문제설정의 위대한 힘 아닐까?

탈레스의 기획이 수천 년 뒤 후대 과학자들에게까지 이어진 이유는 만물의 아르케라는 개념 자체가 보편적 속성에 관한 질문이기 때문이다. 아르케는 세상 만물을 구성하는 근본적인 단위 역할을 할 것이기 때문에 보편적으로 어디에나 있어야 한다. 보편성의 추구는 결국 과학의 궁극적인 목표이자, 과학자들의 영원한 로망이라 할 수 있다. 17세기 과학혁명을 완성한 뉴턴의 주요 업적 가운데 하나는 만유인력의 법칙을 발견한 것이다. 만유인력을 다른 말로 하면 보편중력universal gravitation이다. 뉴턴역학이 유례없는 큰 성공을 거둔 까닭은 그것이 자연의 보편적인 법칙이기 때문이다. 보편적인 법칙이나 상수, 보편적인 입자를 발견하는 일은 여전히 현대 과학자들에게도 최고의 로망이다.

탈레스가 활동했던 밀레토스 지역은 오늘날 튀르키예의 영토다. 그 바다 건너 아테네에서는 소크라테스의 수제자로 서양 철학 2,000년을 지배할 인물이 출현하게 됐으니, 그가 바로 플라톤이다. 한데 위대한 철학자 플라톤은 과학의 역사에서도 빼놓을 수 없는 인물인바, 이는 그의 수학적 사고방식 때문이다. 그는 자신의 우주론 저작이라 할 수 있는 《티마이오스》에서 엠페도클레스의 4원소와 우주 전체를 다섯 개의 정다면체(일명 플라톤 입체: 정사면체, 정육면체, 정팔면체, 정십이면체, 정이십면체)에 대응시켜 그 성질을 논했다. 현대적인 관점에서 본다면 당연히 조잡하고 엉성한 얘기다. 일단 정사면체를 불에 대응시켜 불에 관해 뭔가를 설명한다는 것 자체가 잘 와닿지 않는다.

그러나 여기서도 중요한 것은 구체적인 답이나 결과물이라기보다 플라톤의 '기획'이다. 플라톤은 우주와 삼라만상을 기하학적으로 이해하기 시작했다. 플라톤 이전의 피타고라스는 그 유명한 피타고라스의 정리 주인공답게 만물의 아르케를 '수'라고 생각했지만, 자연의 대상을 수학적인 구조물에 본격적으로 대응시켜 이해하려고 한 것은 플라톤이 처음이었다. 플라톤의 이런 기획은 르네상스 시대 신플라톤주의를 거쳐 행성운동의 법칙을 발견한 요하네스 케플러, 근대과학의 아버지라 불리는 갈릴레오 갈릴레이 그리고 고전역학을 완성한 뉴턴까지 이어진다고 볼 수 있다. 현대의 과학자들도 여전히 자연의 대상물에 상응하는 수학적 구조물을 탐색하는 중인데, 소립자의 세상에서는 특정한 수학적 대칭군을 도입해 자연을 설명하려는 시도가 일상적으로 진행되고 있다.

탈레스와 플라톤의 기획을 연결하면, 과학이란 자연의 보편적인 요소를 수학의 언어로 이해하는 것이라는 결론을 도출할 수 있다. 이 말은 근대과학이나 현대과학에서도 크게 틀린 말이 아니다. 여기에 한 가지 빠진 요소가 있다면 자연에 대한 세심한 관찰과 분석일 텐데, 이 분야의 최고 원조로는 역시 플라톤의 제자 아리스토텔레스를 들지 않을 수 없다. 아리스토텔레스는 감각 경험을 중시한 철학자로서 500종이 넘는 동물을 꼼꼼하게 관찰하고 기록해 분류해 두었는데, 이런 방식이 18세기 린네 이전까지 이어졌다. 생물학뿐만 아니라 그의 운동학, 천문학도 중세를 건너서까지 서양 학문을 지배했다.

아리스토텔레스는 과학이라는 분야가 자연철학으로서, 철학의 일부로 포함되던 시절에도 각 분과를 뛰어넘어 자신만의 '세계관'으로 서양의 지적 세계를 2,000년간 다스렸다. 그의 세계관이 그 오랜 세월 살아남을 수 있었던 건 그만큼 이 세계관이 인간의 감각 경험과 잘 맞았기 때문일 것이다.

아리스토텔레스는 스승의 뒤를 이어 달을 경계로 천상계와 지상계가 나뉜 이분법적 우주를 지지했다. 천상계는 완벽한 세상으로 완벽한 구형의 천체들이 가장 완전한 운동인 원운동을 스스로 하는 곳이며 제5원소인 에테르로 가득 차 있다. 반면 지상계는 4원소로 가득 찬 불완전한 세상이다.

지상계의 물체는 본성적 운동과 강제적 운동을 겪는다. 먼저 본성적 운동은 물체의 본래적 성질을 찾아가는 운동이다. 돌처럼 무거운 물체는 무거움이라는 본성을 좇아 지구 중심을 향하고, 깃털처럼 가벼운 물체는 가벼움이라는 본성을 좇아 천상으로 올라간다. 그에 반해 강제적 운동은 본성적 운동을 거스르는 운동이다. 강제적 운동이 일어나려면 물체와 접촉해서 외부의 힘이 가해져야 하는데, 예컨대 수레가 움직이려면 소가 수레와 접촉해서 수레를 끌어줘야 하는 것이다. 소와 수레의 접촉이 끊어지면 수레는 움직이지 않는다. 여기서 소는 수레의 운동을 가능케 하는 '접촉기동자' 역할을 한다. 아리스토텔레스의 운동관을 간단한 수식으로 표현하면 이렇다.

$$F \sim v$$

한마디로 힘(F)이 작용하면 속도(v)가 생긴다는 뜻이다.

여기서 물결표시(~)는 비례한다는 뜻이다. 힘이 작용하지 않으면(F=0) 물체의 속도는 0이 되어 움직이지 않는다.

그렇다면 허공을 날아가는 야구공은 어떻게 운동하는 것일까? 허공에 던져진 투사체의 경우엔 공기가 접촉기동자 역할을 한다. 투사체가 날아갈 때 앞쪽에 쏠린 공기가 투사체의 뒷부분을 메우며 밀어주기 때문에 야구공이 허공을 날아갈 수 있는 것이다. 그러다가 강제적 운동이 끝나면 투사체는 본성적 운동에 따라 지면으로 자유 낙하한다. 가령 포탄의 궤적을 아리스토텔레스의 운동관에서 그려보면 사선으로 올라갔다가 수직으로 떨어지는 톱니 모양이 된다. 물론 이는 사실이 아니다. 투사체의 운동에 대한 아리스토텔레스의 오류는 이후 갈릴레이에 이르러서야 교정될 것이다.

아리스토텔레스가 말하는 본성적 운동은 다분히 목적론적이다. 여기서 물체가 그 본성을 찾아가는 과정은 목적을 향해 나아가는 여정으로 볼 수 있고, 이러한 설명은 운동을 둘러싼 '왜why'라는 질문에 답을 주는 것과도 같다. 아리스토텔레스의 목적론적 운동관은 2,000년의 긴 시간을 건너 뉴턴에 이르러서야 완전히 무너졌다.

2.
과학혁명은 천상에서부터

16~17세기 서유럽에서 근대과학이 형성되는 과정을 '과학혁명'이라 한다. 과학혁명은 기나긴 인류사 전체를 통틀어 가장 획기적인 변화 중 하나로 기록될 만한 사건이다. 혁명의 기간은 대략 코페르니쿠스가 생애 마지막 해에 《천구 회전에 관하여》를 출간한 1543년부터 뉴턴이 《프린키피아》 출간으로 자신의 역학체계를 완성한 1687년 정도까지다.

그 시작은 천문학이었다. 아리스토텔레스 이후 프톨레마이오스는 지구 중심의 천체관을 집대성했다. 지구가 우주의 중심에 있고 달과 수성, 금성, 태양, 화성, 목성, 토성이 나란히 지구 주위를 원궤도로 돌고 있다는 것. 자세한 상황은 조금 더 복잡하다. 천체들은 주전원周轉圓이라 불리는 작은 원주위를 돌고, 주전원의 중심이 지구 주위를 도는 구조다. 또한 지구는 주전원 궤도의 중심에서 약간 벗어난 곳에 위치해 있다. 천체들의 이런 모든 움직임은 두꺼운 수정구면 속에서 이루어진다. 프톨레마이오스 체계가 이렇게 복잡한 이유는 관측 결과에 잘 맞추기 위해서였다. 그래서 수많은 주전원이 필요해지긴 했지만 당시로서는 이론과 현상이 상당히 잘 맞는 편이었다.

우주의 신비를 푼 법칙

코페르니쿠스가 한 일은 프톨레마이오스 체계에서 '단지' 지구와 태양의 위치를 바꾼 것뿐이었다. 이유는 단 하나, 그것이 천체 운동을 보다 간명하게 설명할 수 있었기 때문이다. 지구는 우주의 중심에서 변방으로 밀려났다. 'The One'(유일자)의 지위를 박탈당하고 'One of Them'(무리 중 하나)이 된 셈이다. 이 자리바꿈말고는 달라진 게 없었다. 여전히 모든 천체는 원운동을 하고 있었다. 필요한 주전원의 개수는 좀 줄었지만 그렇다고 관측 결과를 훨씬 더 잘 설명해주는 것도 아니었다. 하지만 이 자리바꿈이 결국은 엄청난 혁명의 시발점이 되고야 말았다.

천상의 비밀에 한 걸음 더 크게 다가선 것은 독일의 천문학자 케플러 덕분이었다. 케플러는 당대 유럽에서 최고 수준의 천문 관측 자료를 남긴 티코 브라헤의 조수로 들어가 브라헤 사후 그의 자료를 분석해 행성 운동에 관한 세 가지 법칙을 발견했다. 제1법칙은 타원궤도의 법칙으로, 모든 행성은 태양 주변을 타원궤도로 공전한다는 내용이다. 제2법칙은 면적속도 일정의 법칙으로, 행성이 같은 시간 동안 공전궤도를 훑고 지나가는 넓이가 같다는 내용이다. 제3법칙은 조화의 법칙으로, 행성 공전주기의 제곱은 공전궤도 장반경의 세제곱에 비례한다는 내용이다. 케플러는 이들 법칙을 얻기 위해 수많은 계산을 반복해서 진행했다. 그 과정은 말 그대로 끝없는 시행착오의 반복이었다. 케플러의 법칙은 전형적인 귀납주의의 성공 사례였으며(다만 과학의 역사에서 귀납주의가 성공한 사례는 그리 많지 않다), 이후 뉴턴이 만유인력의 법칙을 발견하는 데 큰 영향을 미쳤다.

케플러가 수학자로서 유럽에 이름을 알리게 된 것은 그가 브라헤에게 합류하기 4년 전, 이십 대 중반의 나이에《우주의 신비》를 출간하면서부터였다. 이 책에서 케플러는 플라톤 입체의 기하학적인 성질을 이용해 다섯 행성의 공전궤도를 설명하려 했다. 지금 관점에서 보자면 별다른 의미가 없는 시도였으나, 수학적인 구조물을 자연현상에 대응시켜 설명하려고 했다는 점에서 그는 충실한 플라톤주의자였다. 그 결과가 얼마나 옳은가도 물론 중요하겠지만, 보다 중요한 것은 '올바른 기획'으로 끝없이 시도하는 열정과 끈기가 아닐까 싶다. 수학적으로 자연을 이해하려는 기획, 열정, 그리고 끈기가 없었다면 케플러의 법칙은 세상에 나오지 못했을 것이다.

뼛속까지 플라톤주의자였던 케플러는 플라톤의 가르침에 따라 행성의 궤도가 원임을 믿어 의심치 않았다. 브라헤가 죽고 난 뒤 그의 자료를 넘겨받고 화성의 궤도를 계산하면서도 너무나 당연하게 화성의 궤도를 원에 짜 맞추었다. 사실 그 결과가 그리 나쁘진 않았다. 지구나 화성의 궤도는 대단히 원에 가깝기 때문이다. 화성의 경우 타원궤도의 장축에 대한 단축의 비율이 99.5퍼센트를 약간 넘는다. 원궤도에 맞춰 화성 관측 결과를 배치하면 그 오차가 8분 각도 정도 된다. 1분 각도란 1도 각도의 60분의 1이니, 보통 사람이라면 이 정도 오차는 무시하거나 오히려 관측 자료에 오류가 있을 것으로 생각하기 십상이다. (케플러는 브라헤와 사이도 그리 좋지 않았다.)

그럼에도 케플러는 원궤도라는 자신의 신념을 버리면서까지 브라헤의 데이터를 신뢰했다. 브라헤가 남긴 자료의 평균 오차는 불과 4분 각도였다. 케플러를 귀납주의의 화신이라 할 수 있는 것도 바로 이런 이유에서다.

'법칙'의 힘은 위대하다. 조화의 법칙을 활용하면 어떤 행성의 공전주기만 알아도 그 행성의 공전궤도 장반경을 알 수 있으니 말이다. 이미 알려진 사실들로부터 편견 없는 중립적인 분석을 행함으로써 보편법칙을 끄집어내면 그로부터 새로운 현상을 예외 없이 예측할 수 있다! 케플러가 바로 이 위대한 업적을 이룬 것이다. 인간이 범접할 수 없는 완벽한 세상이던 천상계에서 대체 무슨 일이 벌어지는지를 처음 알아낸 셈이었다. 그것이 과학의 힘이다. 근대과학은 이처럼 천상의 비밀을 밝히면서 그 혁명의 여정을 시작했다. 천상의 비밀을 밝히는 것은 21세기 과학에서도 여전히 가장 중요한 임무다.

갈릴레이 vs. 아리스토텔레스

케플러보다 7년 빠른 1564년에 태어난 갈릴레이는 '근대과학의 아버지'라 불린다. 이런 별명이 붙은 데엔 이유가 있다. 이전까지 2,000년을 군림해온 아리스토텔레스의 세계관, 특히 그의 천체관과 운동관을 전복하고 근대적인 과학관을 확립한 사람이 바로 갈릴레이기 때문이다. 갈릴레이는 광학기기를 이용해 천체를 관측한 첫 세대 과학자였는데, 이는 갈릴레이가 근대적인 천체관을 확립하는 데에도 도움이 되었다. 망원경을 가진 사람들의 십중팔구는 아마도 맨 먼저 달을 보고 싶어 할 것이다. 갈릴레이 역시 자신이 손수 만든 고배율 망원경으로 달을 열심히 관측했다. 그 결과 달 표면에도 지구와 마찬가지로 산과 계곡이 있음을 알아냈다. 이는 달이 완벽한 수정구라는 이전의 믿음이 틀렸다는 결정적인 증거였다. 또한 갈릴레이는 목성의 위성 네 개(이른바 '메디치의 별')를 발견했는데, 이는 모든 천체가 지구 주위를 도는 것이 아님을 뜻했다. 게다가 금성의 상이 달처럼 변하는 것은 이전의 지구중심설로는 설명할 수 없는 현상이었다.

갈릴레이의 천체관은 자신을 종교재판으로 이끌었던 역작《두 체계의 대화》로 정리되었다. 총 네 막의 연극 형식으로 구성된 이 책의 원래 목적은 밀물과 썰물을 지구의 자전과 공전으로 설명하는 것이었다(이 부분은 4막에서 다루고 있다). 지금 우리가 알기로 밀물과 썰물이 생기는 원인은 지구와 달 및 태양 사이의 중력 때문이다. 갈릴레이는 중력을 몰랐기 때문에 그의 기획은 실패할 수밖에 없었다. 그는 책 4막에서 지구의 자전과 공전으로 조석현상을 설명한다. 1~3막에서는 각각 아리스토텔레스의 세계관, 지구의 자전, 그리고 지구의 공전을 다룬다. 이들 내용은 책이 출간되기 오래전 코페르니쿠스를 가르치지 말라던 교황의 명을 어겼다는 혐의를 받게 되었다. 결국 갈릴레이는 이 문제로 종교재판 법정에 서게 된다.

법정에서 유죄판결을 받고 가택연금에 들어간 갈릴레이는 《새로운 두 과학》을 집필했다. 최초의 근대적인 과학교과서라는 평가를 받는 이 책엔 갈릴레이의 근대적 역학관이 잘 드러나 있다. 갈릴레이는 간단한 사고실험으로 아리스토텔레스의 자유 낙하 이론을 무너뜨렸다. 아리스토텔레스에 따르면 무거운 물체는 가벼운 물체보다 더 빨리 떨어진다. 언뜻 생각하면 이것이 우리의 일상경험과 비슷해 보인다. 여기서 갈릴레이는 가벼운 물체와 무거운 물체를 하나로 묶는 상상을 했다. 이렇게 되면 무거운 물체는 가벼운 물체 때문에 혼자 낙하할 때보다 더 천천히 떨어질 것이다. 그러나 전체 무게는 증가했으므로 하나로 묶인 두 물체는 각각일 때보다 더 빨리 떨어져야 한다. 한마디로 모순이다. 이 모순을 해결하는 방법은 무게와 상관없이 물체가 똑같이 떨어진다고 설명하는 것뿐이다. 그 과정에서 갈릴레이는 공기의 저항을 제거했다. 자유 낙하의 본질을 흐리게 하는 요소이기 때문이다. 이처럼 갈릴레이는 일종의 추상화 과정을 통해 현상의 본질을 재구성할 수 있었다.

또 다른 사고실험에서 갈릴레이는 외부의 힘이 작용하지 않아도 운동이 지속될 수 있음을 보였다. 마찰이 없는 V 자형 빗면에서 공을 굴리면 공은 빗면을 타고 내려갔다가 반대편 빗면을 타고 올라가 원래 빗면의 출발선과 똑같은 높이까지 올라갈 것이다. 이는 반대편 빗면의 경사를 줄이더라도 마찬가지다. 다만 이 경우 공이 반대편 빗면을 따라 굴러 올라가는 거리는 길어진다. 만약 반대편 빗면의 경사를 점점 더 낮추다가 완전히 평면으로 만들면 어떻게 될까? 그렇다면 빗면을 굴러 내려온 공은 영원히 반대편으로 굴러갈 것이다. 이는 물체의 외부에서 접촉해 힘을 주어야 물체가 운동한다는 아리스토텔레스의 운동관과 정면으로 충돌

한다. 갈릴레이는 사고실험을 통해 외부에서 힘이 작용하지 않아도 물체가 계속 운동할 수 있음을 보였다. 관성을 발견해낸 것이다.

갈릴레이는 빗면을 활용한 실험에서 자유 낙하하는 물체의 속력(속도velocity는 크기와 방향이 있는 양 곧 벡터다. 속력speed은 속도의 크기다)은 시간에 비례하며, 그 이동거리는 시간의 제곱에 비례함을 보였다. 즉 자유 낙하란 시간에 따라 속도가 일정하게 증가하는 등가속운동임을 알아낸 것이다. 하지만 물체가 수평으로 운동할 때는 속도의 변화가 없는 등속운동을 겪게 된다. 등속운동을 하는 수평운동과 등가속운동을 하는 수직운동을 조합하면 비스듬히 던진 투사체의 궤적을 분석할 수 있다. 갈릴레이는 그 궤적이 포물선임을 정확하게 알아냈다. 아리스토텔레스가 다시 무너진 것이다.

갈릴레이는 뉴턴처럼 방정식을 만들지는 않았지만 수학적이고 정량적인 분석을 통해 운동의 본질을 정확히 파악할 수 있었다. 이런 까닭에 그에게 근대과학의 아버지라는 칭호는 결코 과장이 아니다. 멀리 내다볼 수 있도록 뉴턴을 제 어깨 위에 올려 태웠던 거인들 가운데 갈릴레이는 결코 빠질 수 없는 인물이었다.

3.
뉴턴이 완성한
고전역학

뉴턴은 1687년《프린키피아》출판으로 과학혁명을 완성한 인물로서 근대과학의 체계를 확립했다. 고전역학 체계를 흔히 뉴턴역학이라 부르는 것도 그 때문이다. 뿐만 아니라 뉴턴의 체계는 과학적 방법론의 정수를 보여줘, '과학'이라는 새로운 분야가 자리를 잡고 다른 분야까지 과학적 방법론이 전파되는 데에도 크게 기여했다.

　뉴턴이 제시한 세 가지 운동법칙은 지금도 여전히 유효한 자연의 법칙으로서 물체의 운동을 과학적으로 기술하는 출발점이 되어준다. 제1법칙은 관성의 법칙으로, 외력이 작용하지 않으면 물체는 원래의 운동 상태를 유지한다는 내용이다. 이 법칙은 갈릴레이에 대한 오마주의 성격이 있다.

제2법칙은 힘의 법칙으로서, 물체에 힘을 가하면 그에 비례하는 가속도가 생긴다는 내용이다. 이때 그 비례상수는 그 물체의 질량에 해당한다. 물리를 아무리 어려워하는 사람이라도 한 번은 들어봤을 그 유명한 공식, $F=ma$가 바로 제2법칙이다. 여기서 F는 힘force, m은 질량mass, a는 가속도acceleration다. 원래 제2법칙은 힘을 운동량$(=mv)$의 시간에 대한 변화(미분)로 정의했다. 여기서 질량이 상수이면 $F=ma$가 된다. 제3법칙은 작용-반작용의 법칙으로, 두 물체 사이의 힘은 항상 크기가 같고 방향이 반대인 한 쌍으로 작용한다는 내용이다.

목적·본성과 무관한 사물의 운동

뉴턴의 운동법칙이 아리스토텔레스의 운동관과 극명하게 대비되는 지점은 바로 제2법칙에 있다. 앞서 소개했듯 아리스토텔레스의 운동관은 $F \sim v$로 설명할 수 있다. 즉 물체에 힘이 작용하면 속도가 생긴다는 것이다. 그러나 뉴턴의 제2법칙$(F \sim a)$에서는 물체에 힘이 작용하면 속도가 아니라 가속도가 생긴다. 이 차이는 엄청나다. 아리스토텔레스의 운동관에서는 힘이 없으면 속도가 0이므로 운동이 일어나지 않지만 뉴턴의 운동관에서는 힘이 없으면 가속도, 즉 속도의 '변화'가 0이다. 따라서 힘이 없더라도 원래 운동하고 있던 물체는 계속 운동할 수 있다. 이것이 바로 관성의 법칙이다.

또한 뉴턴의 제2법칙은 힘의 본성이나 목적과도 무관하게 오로지 운동학의 관점에서 현상론적으로 또 기술적으로 힘을 정의하고 있다. 힘의 원인이나 목적이 무엇이든 물체의 속도가 변했다면 외부에서 어떤 힘이 작용했다고 보는 것이다. 결과적으로 뉴턴의 이런 접근법은 성공을 거뒀다.

중력은 뉴턴이 구체적으로 특정한 힘의 한 종류다. 질량이 있는 모든 물체는 서로 끌어당기는 힘을 작용한다. 두 물체 사이에 작용하는 힘의 크기는 각 질량의 곱에 비례하고 두 물체 사이 거리의 제곱에 반비례한다. 그 비례상수는 중력상수 또는 뉴턴상수로 불리며 흔히 G로 표시한다. 이것이 만유인력의 법칙 또는 보편중력의 법칙law of universal gravitation이다. 거리의 제곱에 반비례하는 성질을 역제곱의 법칙이라 한다. 만유인력의 법칙은 대표적인 역제곱의 법칙이다. 거리가 두 배로 늘어나면 중력은 네 배로 작아진다.

뉴턴의 중력법칙에 보편중력의 법칙이라는 이름도 붙은

까닭은, 아리스토텔레스가 이분법적으로 나눈 천상계와 지상계의 구분을 이 법칙이 없애버렸기 때문이다. 아리스토텔레스는 천상계와 지상계에 서로 다른 법칙이 작용한다고 여겼으나 뉴턴은 하나의 중력이론으로 천상계와 지상계를 한꺼번에 설명하는 데 성공했다. 그래서 '보편법칙'이라는 영예로운 이름이 붙은 것이다. 뉴턴은 놀라운 통찰력을 발휘해 나무에서 떨어지는 사과와 지구 주위를 도는 달이 같은 법칙의 지배를 받는다고 생각했다. 높은 산에서 사과를 던지면 포물선을 그리며 땅으로 떨어질 것이다. 사과를 좀 더 세게 던진다면 사과의 비행 거리는 늘어나겠지만 사과는 여전히 포물선을 그리며 땅에 떨어질 것이다. 만약 사과를 극단적으로 세게 던져서 그 비행 거리가 지구의 둘레쯤 된다면 어떤 일이 벌어질까? 그때는 사과가 달처럼 영원히 지구 주위를 돌게 될 것이다. 만유인력의 법칙을 받아들이면 케플러가 경험적으로 얻은 행성 운동의 법칙을 모두 수학적으로 설명할 수 있을뿐더러 행성의 운동을 더 정확하게 기술할 수 있다.

무거울수록 유리할까?

뉴턴역학에서는 물체의 자유 낙하를 어떻게 설명할까? 뉴턴의 운동 제2법칙($F=ma$)에 따르면 어떤 물체를 일정한 가속도로 가속시킬 때 질량이 클수록 더 큰 힘이 필요하다(즉 a가 고정돼 있을 때 m이 클수록 F가 커진다). 질량이 두 배 큰 물체에 두 배의 힘을 작용했을 때의 가속도와 질량이 세 배 큰 물체에 세 배의 힘을 작용했을 때의 가속도는 똑같다. 질량이 절반인 물체에 절반의 힘을 작용해도 마찬가지다. 이를 일반화해서, 만약 물체를 그 질량에 비례하는 힘으로 잡아당긴다면 질량이 작은 물체에는 작은 힘이 작용하고 질량이 큰 물체에는 그만큼 큰 힘이 작용할 것이므로 질량의 크기와 상관없이 모든 물체의 가속도는 똑같을 것이다. 마침 뉴턴의 중력법칙에 따르면 중력은 질량에 비례하는 힘을 작용한다! 그러니까 지표면에서 중력의 지배를 받는 두 물체는 그 질량과 상관없이 똑같은 가속도를 얻는다. 여기서 가속도란 시간에 따른 속도의 변화다. 시간에 따라 속도가 변하는 정도가 똑같다면 두 물체가 최종적으로 도달하게 되는 속도 또한 똑같을 수밖에 없다. 따라서 모든 물체는 질량에 상관없이 똑같이 지면에 떨어진다.

실제로 지표면 근처의 질량이 다른 두 물체에 뉴턴역학을 적용하면 두 물체가 받는 가속도는 두 물체의 질량과 무관하게 오직 지구의 질량과 반지름, 그리고 보편적인 중력상수로만 주어짐을 쉽게 유도할 수 있다. 그 값이 $9.8m/sec^2$이다.

힘이나 가속도는 뉴턴역학에서 수학적으로 엄밀하게 정의되는 양이지만, 일상에서는 자의적인 의미로 사용되거나 뉴턴의 운동법칙을 잘못 적용해 사용되기도 한다. 흔히 우리는 '무거운 물체가 가속도를 잘 받는다' '물체가 무거울수록 가속도가 크다'고 말한다. 특히 겨울 올림픽에서 썰매 종목 경기를 해설할 때 언론에서 '선수들 몸무게가 무거울수록 가속도가 크다'는 식으로 보도한다.

가속도가 크다는 건 무슨 말일까? 이건 같은 시간 동안 속도의 변화가 크다는 얘기다. 무거운 물체의 가속도가 크다면 1초 뒤에 무거운 물체의 속도는 가벼운 물체의 속도보다 더 크게 된다. 2초, 3초 지날수록 이 차이는 더 커진다. 그 결과 무거운 물체는 지면에 더 빨리 떨어질 것이다. 이는 갈릴레이와 뉴턴을 부정하고 다시 아리스토텔레스로 돌아가는 발언이다!

그럼에도 우리는 경험적으로 썰매 선수의 몸무게가 무거울수록 경기에 유리하다는 것을 안다. 이는 공기 저항이 작용하는 현실에선 볼링공이 깃털보다 훨씬 더 빨리 지면에 떨어지는 것과도 같은 이치다. 물체의 질량이 크다면 $F=ma$로부터 같은 힘이 작용했을 때 가속도가 작다. 즉 무거운 물체는 그만큼 속도를 변화시키기가 어렵다는 뜻이다. 이는 직관적으로 쉽게 이해할 수 있다. 같은 힘이 작용했을 때 자동차를 멈추는 것보다 KTX 기차를 멈추기가 훨씬 더 어렵다. 썰매가 트랙을 따라 비탈면을 내려갈 때 이 썰매에 작용하는 각종 마찰력이나 공기에 의한 저항력은 썰매의 재질과 단면적 등이 서로 비슷할 경우엔 크게 다르지 않을 것이다. 썰매의 운동을 저지하는 힘이 썰매와 탑승자의 질량에 무관하다면, 결국 썰매와 탑승자가 무거울수록 그 속도를 변화시키기가 어려워진다. 따라서 선수의 몸무게가 무거울수록 아무런 저항이 없을 때 비탈을 내려오는 가속도에 더 가까운 가속도를 유지할 수 있다는 결론이 나온다.

물론 공기나 마찰 등 각종 저항력을 모두 고려한 유효가속도를 생각하면 무거운 물체일수록 유효가속도가 크다고 말할 수도 있다. 그러나 이는 제한적이고 특수한 상황에 적용되는 명제이므로, 함부로 "무거울수록 가속도가 크다"고 말해서는 안 된다.

모든 것은 결정되어 있다?

뉴턴역학의 성취는 우리가 천상의 비밀을 드디어 수학적으로 정확히 알게 됐다는 점에서 인류사 전체의 성취라 할 만하다. 한 걸음 더 나아가 자연의 보편법칙을 안다는 것은 우리가 미래를 정확하게 예측할 수 있음을 뜻하기도 한다. 천상의 비밀을 알고 미래를 예측하는 것은 신 또는 그에 준하는 제사장급 존재에게나 가능한 일이었는데, 뉴턴 이래로 이제 그 놀라운 능력이 과학자 손에 쥐어진 것이다. 과학이라는 새로운 분야가 각광을 받게 된 것도 어찌 보면 당연하다.

이를테면 천왕성과 해왕성의 발견을 생각해보자. 수성, 금성, 화성, 목성, 토성이 오래전부터 인류가 맨눈으로도 관측할 수 있던 천체인 데 비해 천왕성은 망원경으로 관측한 첫 행성이었다. 1781년에 있었던 이 사건의 주인공은 독일의 윌리엄 허셜과 그의 누이 캐롤라인 허셜이다. 천왕성의 공전주기는 84년이다. 과학자들은 천왕성을 발견한 뒤 처음으로 한 번의 공전주기를 완성하는 1865년이 되기 전에 이미 천왕성의 공전궤도를 추적했고, 그 결과 천왕성의 궤도가 뉴턴역학의 예측과 다소 어긋남을 알게 됐다. 이는 자칫 뉴턴역학의 위기로 치달을 수도 있을 만한 일이었다. 그러나 과학자들은 새로운 해결책을 제시해 위기를 엄청난 기회로 바꿨다. 천왕성 바깥쪽에 또 다른 행성이 있어서 그 행성이 천왕성의 궤도에 영향을 미치는 거라고 가정한 것이다. 프랑스의 알렉시 부바르가 처음으로 이 또 다른 행성 즉 해왕성의 존재를 예측했고, 이후 1845~1846년 무렵 영국의 존 애덤스와 프랑스의 위르뱅 르베리에가 각각 독립적으로 해왕성의 위치를 계산했다. 독일의 요한 갈레는 1846년 르베리에의 결과가 담긴 편지를 받은 바로 그날 밤 예측한 위치로부터 1도 각도 안에서 새로운 행성을 찾았다.

뉴턴역학을 아주 단순하게 말하면, 어떤 물체의 초기조건과 그에 작용하는 모든 힘을 알 경우 그 물체가 나중에 어디서 어떻게 움직일지도 알게 해주는 역학체계라 할 수 있다. 초기조건이란 보통 초기위치와 초기속도를 뜻한다. 힘을 알면 가속도, 즉 시간에 대한 속도의 변화를 알 수 있다. 요컨대 어디서 어떻게 출발하는가 그리고 매 순간 그 속도가 얼마나 변화하는가를 알면 임의의 순간에 그 물체가 어디에서 어떻게 움직일지 정확하게 알 수 있다는 얘기다. 이런 의미에서 뉴턴역학은 결정론이다. 적어도 원리적으로는 그렇다. 실제 현실에서는 초기조건을 충분히 정확하게 정하는 것이 어려울 수도 있고, 계산해야 할 양이 너무나 방대할 수도 있고, 초기상태의 약간의 변화가 최종상태에는 감당하기 어려울 정도의 효과를 낼 수도 있어 실질적으로 계산이나 예측이 불가능한 경우도 있다. 그러나 그 모든 현실적 어려움에도 원리적으로 보면 불가능한 것은 아니다.

나폴레옹의 교관이기도 했던 프랑스의 위대한 수리물리학자 피에르 시몽 라플라스는 이렇게 적었다. 이 우주를 구성하는 모든 요소의 초기조건과 모든 힘을 알 수 있고 또한 엄청난 계산 능력을 가진 초지능이 있다면, 우주의 가장 작은 원자에서부터 거대한 천체에 이르기까지 모든 우주의 움직임을 하나의 공식으로 포괄할 수 있으며 그 어떤 불확실함도 없이 미래는 과거와 마찬가지로 우리 눈앞에 펼쳐질 것이라고. 그런 초지능을 이른바 '라플라스의 도깨비'라고 하는데, 이것이 뉴턴역학 또는 고전역학의 결정론적 성격을 단적으로 드러내준다고 하겠다. 훗날 20세기에 들어서면 뉴턴역학의 이러한 결정론적 세계관도 양자역학의 확률론적 세계관에 자리를 내어주게 된다.

문명의 기초를 닦은
물리학의 성취

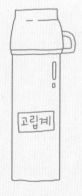

고립계

보온병 안의 물은 시간이 지나도 열과 질량이 그대로다.

4.
빛이 있으라
하시니

"하나님이 이르시되 빛이 있으라 하시니 빛이 있었고……."

구약성경 창세기 1장 3절에 나오는 이 구절은, 빛이란 것이 왜 있는가에 관한 인류의 가장 오래된 답변 중 하나다. 하느님이 천지를 창조하고 처음 한 일이 빛을 있게 한 일이었던 것은 그만큼 빛이 이 우주에서 중요했기 때문일 터다. 과학에서도 빛은 대단히 중요한 요소이며, 빛에 대한 이해는 과학 발전의 역사와 궤를 같이해왔다.

입자인가 파동인가

뉴턴은 프리즘을 이용한 저 유명한 실험을 통해 빛이 여러 색을 가진 요소로 갈라진다는 점을 확인했다. 뉴턴은 이러한 빛을 입자라 여겨 미립자라 불렀다. 반면 네덜란드의 크리스티안 하위헌스나 영국의 토머스 영은 빛을 파동으로 생각했다. 특히 영은 두 틈 실험을 통해 빛이 파동임을 증명해 보였는데, 그가 생각한 것은 이랬다. 하나의 광원에서 나온 빛이 두 틈을 지나 멀리 있는 화면에 도달할 경우, 빛이 입자일지 파동일지에 따라 화면에 남기는 흔적은 달라질 것이다. 입자라면 화면에 자신들이 통과해 온 두 틈의 흔적을 그대로 남기겠지만 파동이라면 간섭효과라는 독특한 현상을 통해 입자와는 전혀 다른 무늬를 남길 것이다.

일반적으로 둘 이상의 파동이 만나면 하나의 새로운 파동을 형성한다. 두 개의 똑같은 파동이 만나는 경우를 한번 생각해보자. 만약 두 파동의 골과 골, 마루와 마루가 서로 겹치게 만난다면 최종적으로는 진폭이 증폭된 파동이 형성될 것이다. 이런 현상을 보강간섭이라 한다. 반대로 골과 마루가 겹치게 만나면 최종적으로는 파동이 사라지게 된다. 이를 소멸간섭이라 한다. 간섭은 파동만의 고유한 성질이다. 요즘 출시되는 헤드폰이나 이어폰에는 소음 제거 기능이 탑재된 경우가 많다. 음향 기기에서 소음을 제거하는 원리가 바로 파동의 소멸간섭이다. 외부에서 들리는 소음을 분석해 그와 정반대의 파형을 가진 파동을 만들어 흘려보내면 귀에 들어오는 소리에는 소음이 급격히 줄어들게 된다.

두 틈 실험에서는 멀리 있는 화면에서 두 틈의 가운데 영역이 가장 밝으며, 가장자리로 갈수록 밝고 어두운 무늬가 반복해서 나타난다. 이는 두 틈에서 나온 빛이 화면에 도달할 때 화면의 어느 지점에 도착하느냐에 따라 각 틈을 출발할 빛의 경로에 차이가 생겨, 두 파동의 상대적인 위치가 조금씩 달라지면서 간섭을 일으키기 때문이다. 간섭무늬는 빛이 파동이라는 가장 강력한 증거다.

빛의 본성에 한 걸음 더 다가가게 된 것은 '19세기의 뉴턴'이라 불린 제임스 맥스웰 덕분이다. 맥스웰은 자신의 이름이 붙은 방정식을 남겼는데, 그 과정에서 빛의 본질이 전자기 파동임을 규명했다('5. 전기 문명의 불을 밝힌 맥스웰과 패러데이'에서 더 자세히 소개할 것이다). 전자기파란 전기장과 자기장이 서로 수직으로 진동하며 전파해나가는 파동을 말한다. 이때 빛 또는 가시광선은 특정한 파장대의 전자기파다. 붉은색 방향으로 갈수록 파장이 길어지고 보라색 방향으로 갈수록 파장이 짧아진다.

빛도 전자기파의 일종이기 때문에 빛의 여러 성질은 전자기파의 특성으로 설명할 수 있다. 예컨대 전자기파가 공기 분자처럼 작은 입자들과 부딪치는 경우 그때 전자기파가 튕겨 나가는 확률은 파장의 네제곱에 반비례한다. 이를 레일리Rayleigh 산란이라 한다. 따라서 짧은 파장의 빛이 산란될 확률이 훨씬 크다. 이 때문에 밝은 대낮에는 태양 빛 중에서 파란색 빛이 더 많이 산란되어 하늘이 파랗게 보인다. 반면 해가 뜨거나 질 때에는 태양 빛이 대기층을 비스듬히 관통해서 들어오기 때문에 공기 분자들과 상호 작용하는 길이가 충분히 길어진다. 이러면 파장이 짧은 빛은 모두 다 튕겨 나가버리고 파장이 긴 붉은색 계열 빛만 남게 된다. 그 결과 우리는 아침저녁엔 붉은 노을을 볼 수 있다.

같은 원리가 월식 때의 이른바 '블러드 문'에도 적용된다. 월식이란 태양 – 지구 – 달 순서로 배열돼 달이 지구 그림자 속으로 들어가는 현상이다. 이때 달로 향하는 빛을 지구가 가로막고 있지만 지구의 가장자리 대기층을 스치며 관통하는 빛이 달에 도달해 지구로 반사된다. 그리하여 마치 우리가 아침이나 저녁 때 노을을 보는 것과도 같은 상황이 달에서 연출되는 것이다. 이때 우리는 붉게 물든 달을 보게 된다.

빛은 그 자체로 물리적 연구의 대상이기도 하지만 물리적 연구를 위한 훌륭한 도구가 되어주기도 한다. 요제프 폰 프라운호퍼, 로베르트 분젠, 구스타프 키르히호프 등 19세기 과학자들은 특정한 원소를 태울 때 독특한 색깔의 빛이 방출된다는 사실을 알아냈다. 원자들이 방출하는 빛의 스펙트럼은 무지개처럼 연속적이지 않고 불연속적인 선들이 모여 있는 형태다. 이러한 스펙트럼은 각 원소마다 다르게 나타나기 때문에 일종의 지문 역할을 할 수 있는데, 그것을 방출스펙트럼이라고 한다.

한편 태양광 같은 연속 스펙트럼의 빛이 온도가 낮은 기체 속을 지나갈 때 기체 속의 특정한 원소가 특정한 파장대의 빛을 흡수하는 경우가 있다. 이렇게 되면 예컨대 태양광의 연속 스펙트럼에서 특정 파장대의 빛이 빠져 검은 선이 나타나게 된다. 이를 흡수스펙트럼이라고 한다. 특정 원소를 가열해서 나타나는 방출스펙트럼과 그 원소가 낮은 온도에서 특정 파장의 빛을 흡수할 때 나타나는 흡수스펙트럼은 똑같다.

이처럼 빛의 스펙트럼을 파장대에 따라 분석하는 분야를

분광학分光學, spectroscopy이라 한다. 분광학을 활용하면 별이나 행성의 대기 성분을 분석할 수 있다. 헬륨이라는 원소를 처음 발견한 것도 1868년 프랑스의 피에르 장상이 일식 때 태양광 스펙트럼을 분석해 얻은 결과였다(헬륨이라는 이름 자체가 태양신 헬리오스에서 따온 것이다). 또한 어떤 항성 주변으로 외계행성이 공전하고 있을 때 항성-행성-지구가 일렬로 배열돼 있으면 항성에서 나온 빛이 행성의 대기를 거쳐 지구에 이르는 과정에서 흡수스펙트럼을 형성한다. 그 스펙트럼을 분석하면 행성의 대기에 어떤 성분이 포함돼 있는지 알수 있다.

원자들이 선보이는 스펙트럼이 불연속적이라는 사실은 고전역학으로는 설명하기 어렵다. 20세기 초 과학자들이 새로운 원자모형을 만드는 데 중요한 역할을 한 것이 바로 이 문제였다. 훗날 양자역학의 태두로 군림할 덴마크의 닐스 보어는 1913년 고전역학과 결별하는 새로운 형태의 원자론을 제시했다. 원자 속의 전자는 연속적인 에너지 상태에 있을 수가 없고 불연속적으로 존재하는 에너지 상태에만 머물 수 있다는 게 그의 이론이었다.

이런 불연속적인 개념은 고전역학에서는 무척 낯설다. 예컨대 태양계 주변을 공전하는 행성들은 임의의 궤도에 연속적으로 존재할 수 있다. 보어 이전에 원자핵을 발견한 영국의 어니스트 러더퍼드는 태양계와 꼭 닮은 원자모형을 제시했는데, 이 모형에서는 음의 전기를 띤 전자가 양의 전기를 띤 원자핵 주변을 마치 행성이 태양 주변을 공전하듯 돌고 있다. 러더퍼드 모형에서도 고전 전자기학이 작동하는 한 전자는 임의의 연속적인 궤도에 존재할 수 있으며 각 궤도는 특정한 에너지에 상응하게 된다. 또한 전자는 에너지를 잃으면서 빛을 방출할 수도 있다. 다만 그때의 스펙트럼은 연속적이다. 이는 실제 원자에서 관측되는 불연속적인 선 스펙트럼과는 다르다.

보어 모형에서는 전자가 낮은 에너지 상태에 있을 때 빛을 통해 충분한 에너지를 흡수하면 높은 에너지 상태로 올라갈 수 있다. 반면 높은 에너지 상태의 전자가 낮은 에너지 상태로 떨어지면 그 에너지 차이만큼이 빛으로 방출된다. 이 과정에서 빛의 에너지는 파장에 반비례하는 값을 갖는다. 요컨대 보어 모형에서는 원자의 불연속적인 선 스펙트럼을 잘 설명할 수 있는 것이다.

고전역학에서는 빛의 에너지가 파장과 무관하게 진폭에

만 관계한다. 빛의 에너지가 파장의 역수에 비례하는 관계식을 처음 제시한 사람은 독일의 막스 플랑크였다. 플랑크는 1900년경 당시 과학계의 난제 중 하나였던 이른바 흑체복사blackbody radiation 문제를 해결하는 과정에서 이처럼 대담한 가설을 제안했다. 흑체란 자신에게 쏟아지는 빛을 전혀 반사하지 않고 100퍼센트 흡수하는 가상의 물체를 말한다. 흑체를 골고루 데워서 일정한 온도에 이르게 하면 흑체는 전자기파를 방출하는데, 이를 흑체복사라 한다. 물체가 열을 받아서 빛을 내는 현상은 근사적으로 흑체복사로 이해할 수 있다. 흑체가 방출하는 전자기파의 파장에 대한 에너지 분포곡선을 흑체복사 곡선이라 한다. 이 곡선에 따르면 파장이 짧아질수록 복사에너지가 증가하다가 어느 순간 정점을 찍고, 파장이 아주 짧은 영역에서는 다시 급격하게 감소한다.

고전역학에서는 흑체 안에서 정상파standing wave로 형성된 전자기파가 방출된다는 식으로 설명할 수 있다. 정상파란 기타 줄처럼 양끝이 고정된 채 진동하는 파동으로서 어느 쪽으로도 움직이지 않는다. 문제는 이런 설정 아래 계산하면 짧은 파장대에서 흑체가 방출하는 전자기파의 에너지가 무한대로 커진다는 점이다. 이는 흑체 안에서 짧은 파장의 정상파가 형성될 수 있는 경우의 수가 급격하게 증가하기 때문이다. 흑체가 짧은 파장대에서 무한대의 에너지를 방출한다는 고전역학의 예측은 그 자체로 어불성설일뿐더러 실험 결과와도 전혀 맞지 않았다.

플랑크는 이 문제를 해결하기 위해 다소 임시방편적인 가정을 도입했다. 우선 플랑크는 흑체 속에 가상의 진동자가 있고 이것이 전자기파와 열적 평형 상태를 이룬다고 생각했다. 만약 진동자의 파장이 짧을수록 그 에너지가 커진다고 가정하면 흑체 안에서 파장이 대단히 짧은 진동자는 그만큼 정상파를 형성하기 어려울 것이다. 파장은 진동수의 역수에 비례하므로 이 가정에서는 진동자의 에너지가 진동수에 비례한다. 플랑크는 진동자의 에너지가 그 진동수에 비례하는 정도를 가장 단순한 형태로 설정했다. 그냥 에너지가 진동수의 일차함수로 정비례한다고 가정한 것이다. 이때 비례상수 h를 하나 도입했는데, 이것이 플랑크 상수이다. 진동자의 에너지를 ε, 진동수를 ν라 하면 아주 간단하게 $\varepsilon = h\nu$로 쓸 수 있다.

그런데 일반적인 파동은 파장(또는 진동수)이 하나로 정해지더라도 다양한 값의 에너지를 가질 수 있다. 플랑크는 진동자가 hv라는 양만큼의 에너지로 덩어리져 있으며, 이런 에너지 덩어리가 여럿 모여서 다양한 에너지를 가질 수 있다고 생각했다. 플랑크의 아이디어에서는 진동자가 마치 hv의 에너지를 가진 입자와도 같았다. 이렇게 되면 진동자는 연속적인 에너지 값을 가질 수 없고 hv라는 최솟값의 정수배만 가질 수 있다. 플랑크의 이 같은 가설은 이후 실제 전자기파에도 적용됐는데 이를 광양자가설이라 한다.

고전물리학에서 현대물리학으로

광양자가설에서는 빛의 에너지가 진동수에 비례한다는 것도 고전역학과 전혀 달랐지만, 빛의 에너지가 어떤 최솟값의 정수배로만 불연속적으로 존재한다는 사실 또한 고전역학과 전혀 맞지 않았다. 고전역학의 틀에서 흑체복사를 계산하면 빛의 에너지를 연속적으로 더해야 하는데, 이는 수학적으로 적분에 해당한다. 그 결과 짧은 파장에서 무한대의 에너지가 나온다. 반면 광양자가설을 도입하면 빛의 에너지가 불연속적으로 더해진다. 그 결과 흑체복사의 에너지 스펙트럼은 짧은 파장에서 급격하게 줄어들며, 이는 실험 결과와도 정확하게 일치했다.

플랑크는 자신의 가설을 흑체복사를 설명하기 위한 임시 방편으로 여겼지만 이 가설이 빛에 적용된 광양자가설은 빛이 일종의 입자와도 같다는 중요한 의미를 담고 있다. 빛이 파동이라는 오랜 관념은 흑체복사와 함께 무너지기 시작했다. 얼마 지나지 않아 아인슈타인은 (특수상대성이론을 발표하는) 1905년, 광전효과라는 현상을 광양자가설을 도입해 성공적으로 설명해냈다. 광전효과란 금속에 빛을 쪼였을 때 전자가 튀어나오는 현상이다. 전자가 튀어나오는 현상 자체는 빛이 파동이라는 고전적인 방식으로도 설명할 수 있지만 그 구체적인 양상은 고전역학으로 설명할 수 없다. 광전효과에서도 쪼여주는 빛의 파장이 대단히 중요한 역할을 담당하고 있었던 것이다. 아인슈타인은 빛을 $h\nu$ 의 에너지를 가진 입자로 취급해, 입자로서의 빛 알갱이가 전자와 마치 당구공처럼 충돌하는 과정으로 광전효과를 설명했다. 그 공로로 아인슈타인은 1921년 노벨 물리학상을 수상했다. 이처럼 빛은 고전역학의 시대를 끝내고 양자역학의 시대를 열어젖힌 주역이라 할 수 있다.

그런데 놀랍게도 빛은 상대성이론을 태동시킨 주역이기

도 하다. 청소년기에 아인슈타인은 '빛의 속도로 날아가면서 빛을 보면 어떻게 될까'라는 사고실험을 했다고 한다. 고전역학의 상식으로는 광속으로 진행하며 같은 방향의 빛을 보면 그 빛이 정지해 있어야 할 것이다. 이는 마치 한강을 건너는 지하철 안에서, 지하철과 같은 속도로 지나가는 자동차를 바라볼 때 자동차가 정지한 것으로 보이는 것과 같은 이치다. 그러나 아인슈타인은 이 결론에 의문을 품고 광속에 아주 특별한 지위를 부여해 자신만의 새로운 이론을 구축했다. 그것이 특수상대성이론이다. 그러니까 상대성이론의 탄생에도 빛은 대체할 수 없는 역할을 수행했을뿐더러 그 결과 광속은 이 우주에서 특별한 지위를 얻게 되었다.

상대성이론과 양자역학이라는 현대물리학의 두 기둥이 빛과 깊은 관련이 있다는 사실은 매우 흥미롭고도 의미심장하다. 빛은 성경에서도 중요했지만 현대과학에서도 20세기 내내 그리고 21세기인 지금까지 대단히 중요한 지위를 점유하고 있다. 아울러 현대물리학의 두 기둥 모두에 아인슈타인이라는 이름이 깊이 새겨져 있다는 점도 눈여겨볼 만하다. 그는 진정으로 위대한 과학자였다.

5.
전기 문명의 불을 밝힌 맥스웰과 패러데이

전기와 자기는 아주 오래전부터 인류에게 친숙했던 힘으로 우리 우주의 근본적인 네 가지 힘(중력, 전자기력, 약한 핵력, 강한 핵력) 가운데 하나다. 또 다른 근본적인 힘인 중력은 17세기 뉴턴에 이르러서야 그 존재를 명확하게 드러냈지만, 고대 그리스에서부터 사람들은 마찰전기의 존재를 이미 알고 있었다. 그러나 전기나 자기 현상을 정량적으로 이해하기 시작한 것은 역시나 뉴턴역학의 성공 이후였다. 18세기 프랑스의 샤를 드 쿨롱은 전기를 띤 두 입자 사이에 작용하는 힘에 관한 법칙, 즉 쿨롱의 법칙을 발견한 것으로 유명한데 그 힘(쿨롱힘)은 두 전하의 곱에 비례하고 거리의 제곱에 반비례한다. 이 형태는 뉴턴의 만유인력 법칙과 대단히 비슷하다. 단 중력에서는 당기는 힘만 작용하지만, 전기력 즉 쿨롱힘에서는 서로 밀치는 힘도 작용한다. 두 전하가 같은 종류일 때 그렇다.

중력과 전기력은 그 크기 면에서도 큰 차이가 있다. 두 전자 사이에 작용하는 쿨롱힘은 둘 사이의 중력보다 무려 10^{43}배 정도 더 크다. 중력은 전기력에 비해 왜 이렇게 약한 걸까? 이는 근본적인 수준에서 아직 과학자들이 이해하지 못하고 있는 의문이다.

전기·자기 현상을 집대성한 맥스웰

전기력이 중력보다 훨씬 더 강력하다는 사실은 일상생활에서도 흔히 느낄 수 있다. 사과를 나뭇가지에서 떨어뜨리는 것은 지구의 중력이다. 지구는 자신의 모든 질량을 다해서 사과를 끌어당기고 있다. 그러나 우리는 간단한 손목 운동으로도 사과를 집어 들 수 있다. 신경전달이나 근육운동 등 인체를 움직이는 원동력은 대부분 전기력이다. 우리가 손에 사과를 들고 있을 때 그 힘의 근원 또한 전기력이다. 약 10^{24}킬로그램에 달하는 지구 전체가 사과를 당겨도, 100킬로그램이 채 되지 않는 사람의 말단 기관이 간단한 동작으로 그 힘을 극복할 수 있는 것이다. 그만큼 중력은 약하다.

18세기의 종말과 함께 1800년 이탈리아의 알레산드로 볼타가 전지를 개발하자 전기를 쉽고 안전하게 지속적으로 공급할 수 있게 되어, 19세기에는 그와 관련된 연구가 다양한 분야에서 활발하게 진행되었다. 덴마크의 한스 크리스티안 외르스테드는 볼타전지를 연결한 도선 주변의 나침반이 움직이는 현상을 발견했다. 이는 전류가 흐르는 도선 주변에 자기장이 형성됨을 뜻한다. 프랑스의 앙드레마리 앙페르는 전류가 흐르는 두 도선 사이에 작용하는 힘을 앙페르의 법칙으로 정리했다. 이후 패러데이는 자기장 주위를 움직이는 도선에 전류가 흐르는 전자기유도 현상을 발견했는데, 이것이 발전기의 원리다.

패러데이는 장field 개념을 처음 도입한 인물이기도 하다. 장이란 한마디로 공간의 특별한 성질을 뜻한다. 전자가 있으면 그 주변 공간에는 전기장이 퍼지게 되고 자석이 있으면 그 주변 공간에 자기장이 형성된다. 전기장의 엄밀한 뜻은 단위전하량을 갖는 입자가 받는 힘이다. 최소 단위의 전기량을 갖는 입자를 공간에 무수히 뿌려놓았을 때 그 입자들이 받는 힘이 곧 전기장이다. 자기장도 비슷하게 정의할 수 있다. 자석 주변에 쇳가루를 뿌려놓으면 쇳가루들이 일정한 방향성을 이루며 독특한 곡선을 이루는 모습을 볼 수 있다. 이것이 말하자면 자석 주변의 자기장을 시각화한 것이라 할 수 있다.

19세기의 이 모든 전기와 자기 현상을 하나로 집대성한 사람이 제임스 맥스웰이다. 맥스웰은 자신의 이름이 붙은 네 개의 '맥스웰 방정식'으로 전기와 자기 현상을 '전자기electromagnetism'로 통합했다.

$$\vec{\nabla} \cdot \vec{E} = \rho / \varepsilon_0$$
$$\vec{\nabla} \cdot \vec{B} = 0$$
$$\vec{\nabla} \cdot \vec{E} = \frac{\partial \vec{B}}{\partial t}$$
$$\vec{\nabla} \times \vec{B} = \mu_0 \left(\vec{J} + \varepsilon_0 \frac{\partial \vec{E}}{\partial t} \right)$$

여기서 $\vec{E}(\vec{B})$는 전기장(자기장)을 나타낸다. 맥스웰 방정식의 첫째와 둘째 식은 전기장과 자기장의 근원에 관한 식이다. 전기전하는 단독으로 존재할 수 있고 그것이 전기장의 근원(첫째식의 우변)이 된다. 이것이 첫째 식이 말하는 바다. 이 식의 양변을 적분하면 쿨롱의 법칙을 얻게 된다. 둘째 식에 따르면 자기장을 유발하는 단독 전하란 존재하지 않는다. 자기장은 항상 자석의 N극과 S극이 함께 만들어낸다. 자기장의 근원이 되는 자기홀극magnetic monopole이 없다는 점은 전기장과 자기장의 큰 차이다.

셋째 식의 우변은 자기장의 시간에 따른 변화(시간에 대한 미분)이다. 좌변은 회전하는 전기장을 뜻한다. 즉 자기장이 시간에 따라 변하면 주변에 회전하는 전기장이 생긴다는 뜻이다. 이것이 바로 패러데이의 전자기유도 법칙이다. 넷째 식은 전류($\vec{J}$)가 흐르거나 전기장이 시간에 따라 변하면 그 주변에 자기장이 생긴다는 뜻으로, 앙페르의 법칙을 나타낸다. 우변의 둘째 항, 즉 전기장의 시간에 따른 변화가 자기장을 유도한다는 내용은 맥스웰이 추가한 것으로 전기장의 시간에 따른 변화는 일종의 전류 역할을 수행하는데, 이를 변위전류라 한다.

오늘의 세계를 만든 전자기파

이들 네 가지 식을 이리저리 짜 맞추면 고전 전자기학의 모든 것을 설명할 수 있다. 특히 이로부터 전기장과 자기장이 각각 파동방정식을 만족하는데, 이 둘은 서로 수직 상태를 유지하며 하나가 다른 하나를 유도하면 전파돼나간다. 이것이 바로 전자기파electromagnetic wave다. 흥미롭게도 전자기파의 전파속도는 광속과 똑같다! 이로부터 맥스웰은 빛도 전자기파의 일종임을 간파했다. 다시 말해 우리가 일상적으로 말하는 빛은 가시광선 영역의 대단히 좁은 특정한 파장대의 전자기파인 것이다. 맥스웰은 빛과는 파장이 다른 전자기파 또한 존재할 것이라 예측했다.

가시광선에서 파란색이나 보라색 쪽으로 갈수록 파장이 짧아지고 빨간색 쪽으로 갈수록 파장이 길어진다. 보라색 바깥(자외紫外)에 있는, 파장이 더 짧은 전자기파를 자외선이라 한다. 여기서 파장이 더 짧아질수록 X선, 감마선이 된다. 반대로 빨간색 바깥(적외赤外)에 있는, 파장이 더 긴 전자기파를 적외선이라 한다. 여기서 파장이 더 길어질수록 마이크로파, 라디오파 등의 전자기파가 된다. 최초로 라디오파를 생성해 이를 검출한 사람은 독일의 하인리히 헤르츠였다. 이탈리아의 굴리엘모 마르코니는 이를 발전시켜 최초로 무선통신에 성공했다. 지금 우리가 자유롭게 스마트폰을 이용하고 무선 인터넷을 즐길 수 있는 것도 모두 전자기파 덕분이다.

마이크로파는 가정에서 사용하는 전자레인지를 통해 우리가 매일 경험하는 전자기파다. 전자레인지는 마이크로파가 음식물 속 물 분자처럼 부분적으로 극성을 가진 분자를 움직여 열을 얻는 것을 그 원리로 한다. 가정용 전자레인지의 마이크로파 진동수는 2.45GHz(기가헤르츠)로서 그 파장은 약 12센티미터이다.

패러데이가 발견한 전자기유도 현상은 전기를 만드는 원리로서 지금 우리가 편안하게 전기 문명을 향유할 수 있는 원동력이다. 전해지는 바에 따르면 어느 날 영국의 고위직 관리(재무장관이라는 설이 유력하다)가 패러데이의 연구실을 방문해 실험기구들을 둘러본 뒤 이렇게 물었다고 한다. "이게 다 어디 쓸모가 있습니까?" 그러자 패러데이가 이렇게 답했단다. "그건 저도 잘 모르겠습니다만 아마도 장관께서 여기에다 세금을 매길 수 있을 겁니다." 이 일화 자체가 허구라는 주장도 있지만, 패러웨이의 답변은 기초과학 연구가 대체 어디에 쓸모가 있느냐는 질문을 요즘도 매일 같이 듣는 물리학자들 사이에서 모범답안의 하나로 여전히 잘 활용되고 있다.

한편 우리가 좋아하는 놀이기구에도 전자기유도 현상이

활용되곤 한다. 자이로드롭은 사람이 탄 고리 모양의 기구를 높은 곳에서 자유 낙하시키는 장치다. 이때 탑승자는 낙하하는 동안 무중력 상태를 경험하게 된다. 만약 높은 곳에서 자유 낙하하는 자이로드롭을 기계적인 장치로 멈춘다면 사고가 날 위험이 있다. 자이로드롭의 고리 모양 기구에는 자석이 설치돼 있고, 그 기구가 상하로 움직이는 수직 기둥에는 전류가 흐를 수 있도록 도선이 깔려 있다. 자석이 도선 주변을 급격하게 움직이면 도선에 전류가 유도되며 이렇게 유도된 전류는 다시 주변에 자기장을 형성한다. 이때 자기장은 도선 주변의 변화를 상쇄하는 방향으로 형성된다. 즉 유도된 전류가 만드는 자기장이 고리 모양 기구가 낙하하는 쪽과 반대 방향으로 작용해 자이로드롭을 멈추게 하는 것이다.

요즘 주방에서 자주 쓰는 인덕션도 전자기유도 현상을 활용한 조리기구다. 인덕션induction이라는 말 자체가 (전자기) 유도를 뜻한다. 인덕션 내부에서 자기장을 변화시키면 그 위에 올려진 금속 용기에 전류가 유도된다. 인덕션 내부에서 자기장을 만드는 방법도 결국엔 도선에 전류를 흘려 주변에 자기장을 유도하는 방식이다. 이때 용기의 전기저항이 적당히 크면 유도된 전류가 흐를 때 뜨겁게 데워진다. 그러니까 전류가 잘 흐르지 않거나 전기저항이 작은 용기는 잘 데워지지 않는다.

19세기의 제5원소

맥스웰 방정식을 통해 전기와 자기 현상이 전자기로 통합된 것은 19세기 물리학의 가장 큰 성취라 할 수 있다. 이를 바탕으로 19세기 말에는 과학이 완성된 학문이라는 공감대가 형성되었다. 그러나 해결하지 못한 문제가 없는 것도 아니었다. 앞서 소개한 흑체복사도 그중 하나다. 또 다른 문제는 전자기파로서의 빛의 본성에 관한 것이었다. 빛이 전자기파라면 파동을 매개하는 어떤 매질이 있어야 한다. 그 매질을 사람들은 에테르aether라 불렀다. 원래 에테르는 그 옛날 아리스토텔레스가 천상을 가득 메우고 있는 물질로 지목한 제5원소였다. 그런데 에테르가 빛을 매개하려면 까다로운 조건을 만족해야 한다. 그 물질이 전 우주에 퍼져 있어야 하며 진동수가 큰 빛을 매개하기 위해 아주 단단해야 하고 그러면서도 행성 등 천체의 움직임을 방해하지 않아야 한다. 맥스웰을 비롯한 많은 사람이 에테르를 검출할 방법을 제안하거나 직접 실험에 나서기도 했다.

가장 유명한 실험을 수행한 사람은 미국의 앨버트 마이컬슨이다. 그가 내세운 원리는 빛의 간섭현상을 이용하는 것이었다. 먼저 한 광원에서 나온 빛을 수평 방향과 수직 방향으로 나눈 뒤 각각의 방향으로 똑같은 거리만큼 이동시킨 다음, 다시 한곳으로 모이게 한다. 그러면 두 경로를 이동한 빛이 한곳에 모여 간섭무늬를 만들 것이다. 만약 에테르가 전 우주에 퍼져 있다면 공전하는 지구 위에서 에테르의 바람을 느끼게 될 것이다. 그 에테르의 바람은 실험 장치의 수평 방향과 수직 방향에 일반적으로 다른 영향을 발휘할 테고, 그 결과 수평 방향과 수직 방향으로 진행하는 빛의 속력은 서로 달라질 것이다. 따라서 최종적으로 한곳에 모인 두 가닥의 빛은 처음 출발할 때와 비교했을 때 위상이 서로 달라져 있을 것이다. 이는 최종적인 간섭무늬의 변화로 감지할 수 있다.

마이컬슨은 1881년부터 단독으로, 또 1887년 조수 에드워드 몰리와 함께 다양한 옵션으로 실험을 진행했다. 마이컬슨-몰리 실험은 당대의 가장 정밀한 실험 중 하나였다. 한데 결과는 대단히 비관적이었다. 마치 에테르가 없는 것과도 같았다. 그러나 이들의 부정적인 실험 결과에도 에테르의 존재를 부정하는 사람은 거의 없었다. 똑똑한 과학자들은 어떻게든 에테르의 존재를 유지하면서 실험 결과에 부합하는 논리를 개발해냈다. 과학에서 귀납주의가 절대적으로 작동하지 않는 또 하나의 사례를 보여준 것이다. 마이컬슨-몰리 실험은 애초에 의도했던 결과를 얻지 못했으나 가장 유명한 실패 실험으로 기록되었다. 이 공로로 마이컬슨은 1907년 노벨 물리학상을 수상했으니, 이는 미국에 안겨준 첫 노벨 과학상이었다.

에테르가 역사의 무대에서 사라진 것은 마이컬슨-몰리 실험 탓이 아니었다. 그런 존재 자체가 필요치 않은 새로운 패러다임이 등장했기 때문이다. 1879년 맥스웰이 사망한 해에 태어난 그 주인공은 (쉽게 예측할 수 있듯) 다름 아닌 아인슈타인이었다.

6.
열역학과
엔트로피

19세기 물리학의 또 다른 성취는 열역학을 정립한 것이다. 열역학이란 열 현상을 다루는 물리학이다. 근대적인 열역학은 1824년 프랑스의 사디 카르노가 《화력의 원동력에 대한 고찰》을 출판하면서 시작되었다. 흔히 과학이 항상 기술을 선도한다는 잘못된 인식을 갖고 있는 경우가 있는데(물론 선도할 때도 없진 않으나), 산업혁명을 이끌었던 증기기관과 물리학, 특히 열역학의 관계에서는 적어도 그렇지 않았다. 제임스 와트가 증기기관을 개량한 것이 18세기 후반이었지만 19세기 초까지도 열에 대한 개념이 완전히 정립되지 못했다. 열역학의 발전이 증기기관의 탄생과 산업혁명을 촉발했다기보다 오히려 증기기관이 등장한 이후, 어떻게 하면 이런 열기관의 열을 물리적인 일로 바꾸고 그 효율을 높일 수 있을지를 연구하면서 근대적인 열역학이 형성되기 시작한 것이다.

프랑스의 물리학자 니콜라 레오나르 사디 카르노는 '카르노 엔진'이라 불리는 이상적인 열기관 모형을 상정하고 열량의 흐름과 역학적인 일의 관계를 연구했다. 이 모형은 높은 온도의 열원에서 나온 열량이 카르노 엔진에서 역학적인 일을 하고, 낮은 온도의 열원으로 열량이 빠져나가는 형태였다. 현대적인 내연기관에서도 엔진의 실린더 속에서 연료가 폭발하면 그때 고온에서 팽창하는 기체가 피스톤을 움직여 엔진을 돌리고 배기가스가 방출된다. 카르노 엔진의 효율은 투입된 열량 대비 역학적 에너지의 양으로 계산할 수 있다. 이 값은 투입된 열량과 빠져나간 열량의 차이를 투입된 열량으로 나눈 값에 해당하는데, 결국 두 열원의 온도의 비율(높은 온도에 대한 낮은 온도의 비율)만큼은 역학적인 일로 전환될 수 없다. 따라서 두 열원의 온도 비율이 0이 아닌 유한한 값을 갖는 한 100퍼센트의 효율을 갖는 열기관은 만들 수 없는 것이다. 효율이 100퍼센트가 되려면 높은 온도가 무한대가 되거나 낮은 온도가 절대온도로 0도가 돼야 하는데, 이는 현실에서는 불가능하다. 카르노 엔진은 모든 과정이 가역적이라는 이상적인 상황을 전제한 엔진임에도 효율 100퍼센트를 달성할 수 없다. 그리고 이 결과는 높은 온도의 열원에서 낮은 온도의 열원으로 열량이 흐르면서 역학적인 일을 수행하는 모든 열기관에 적용될 수 있다.

열역학 제1법칙: 에너지는 보존된다

카르노 엔진에서처럼 열기관이 역학적인 일을 하면 당연하게도 그 내부에너지는 그만큼 줄어든다. 반면 열이 공급되면 내부에너지는 증가한다. 이 과정을 보다 정식화해서 말하면 이렇다. 닫힌 물리계의 내부에너지는 그 계에 공급된 열량과 그 계가 주변에 해준 역학적 일의 차이와 같다. 이것이 바로 열역학 제1법칙이다. 여기서 닫힌계closed system란 물질의 출입은 허용되지 않으나 에너지의 출입이 가능한 계를 말한다. 에너지의 출입조차 허용되지 않는 계는 고립계isolated system 라 한다.

열역학 제1법칙은 19세기 중반에 정립되었다. 지금에 와서는 지극히 당연해 보이는 내용이지만 여기에는 두 가지 주목할 사항이 있다. 첫째, 열과 에너지는 등가의 물리량이다. 제1법칙의 탄생에 기여했던 독일의 율리우스 로베르트 폰 마이어나 헤르만 폰 헬름홀츠는 생체열에서 힌트를 얻어 열과 에너지가 등가임을 간파했다. 영국의 제임스 줄은 물속에서 프로펠러를 돌렸을 때 수온의 변화를 관찰해 물리적인 일과 열 사이의 관계를 정립했다. 에너지 단위인 줄Joule이 바로 그의 이름에서 따온 것이다.

둘째, 제1법칙은 일종의 에너지 보존 법칙이다. 일반적인 에너지 보존 법칙은 고립계에서 에너지가 변하지 않는다는 게 그 내용이다. 제1법칙은 닫힌계에서 열 현상이 있을 때 적용되는 에너지 보존 법칙이다. 닫힌계의 내부에너지는 외부에서 열량을 공급한 만큼 증가하고 그 계가 주변에 역학적인 일을 해준 만큼 감소한다. 내부에너지는 갑자기 사라지거나 생성되지 않는다. 다만 에너지는 그 형태를 열의 형태나 역학적인 일의 형태로 바꿀 수는 있다. 제1법칙에 따르면 열기관은 일을 하면서 내부에너지를 소모하기 때문에, 외부에서 끊임없이 열량이 공급되지 않는 한 무한히 일을 할 수가 없다. 언젠가는 내부에너지가 다 소진될 것이기 때문이다.

따라서 열역학의 기본 원리를 알고 있는 사람이라면 영구기관에 쉽게 현혹되지 않는다. 안타까운 일인데 불과 몇 년

전까지만 해도 국내의 유력 통신사가 무려 200퍼센트가 넘는 효율을 가진 영구기관을 발명했다는 뉴스를 크게 보도하기도 했다. 물론 과학에서는 기존 패러다임을 부수고 새로운 패러다임을 세우는 과정을 무척 장려하는 편이다. 다만 그러기 위해서는 기존 패러다임에 심각한 문제가 있음을 설득해낼 수 있어야 한다. 정말로 누가 영구기관을 발명했다면 지금까지 너무나 잘 작동해온 제1법칙은 어떻게 되는지에 대한 설명이 반드시 뒤따라야 한다. 해당 언론사에서 제1법칙만 잘 알고 있었더라도 영구기관을 만들었다는 재야 발명가의 주장을 곧이곧대로 받아들이기보다는 철저한 검증을 위한 의심부터 강력하게 품었을 것이다. 만약 그 영구기관이 철저한 검증을 모두 거쳤다면, 아마 그 발명가는 당장 이듬해 노벨상을 수상했을 것이고 우리나라는 에너지 걱정 없는 부자 나라가 됐을 것이다. 그런 일은 일어나지 않았다.

열역학 제2법칙:
아메리카노는 다시 물과 에스프레소로 분리될 수 없다

제1법칙이 에너지 보존 법칙의 변형된 형태라면, 열역학 제

2법칙은 열 현상에만 특화된 미묘한 법칙이다. 1850년 제2법칙을 처음 주창한 사람은 독일의 루돌프 클라우지우스였다. 제2법칙은 엔트로피entropy라고 하는 물리량에 관한 법칙이다. 엔트로피란 여러 방식으로 정의할 수 있는데, 거시적인 열 현상에서는 특정한 온도로 열적 평형 상태에 이른 어떤 물리계에 미세한 열량이 투입되었을 때 그 열량의 변화를 온도로 나눈 값을 엔트로피의 변화량으로 규정한다. 이때 같은 열량을 투입하더라도 온도가 높을수록 역학적인 일로 전환될 여지가 많아진다. 반대로 온도가 낮으면 투입된 열량이 역학적인 일로 전환될 여지가 줄어든다. 따라서 엔트로피가 크다는 것은 그만큼 역학적인 일을 할 수 없는 열량이 있다는 뜻이고, 엔트로피가 작다는 것은 그만큼 역학적인 일을 할 수 있는 유용한 열량이 있다는 뜻이다.

한편 엔트로피는 미시적인 요소로도 정의할 수 있다. 즉 어떤 계의 엔트로피는 그 계가 취할 수 있는 미시적인 상태의 수의 로그값에 비례한다. 이 정의는 1870년대 오스트리아의 루트비히 볼츠만이 주로 도입한 정의로서 그 비례상수를 볼츠만상수라 부른다. 이때 미시적인 상태의 수가 클수록 그 계는 무질서하다고 말할 수 있기에, 엔트로피는 계의 무질서한 정도라고도 볼 수 있다.

아주 간단한 예를 들어보자. 한국인들이 즐겨 마시는 아메리카노는 뜨거운 물로 에스프레소를 희석시킨 커피다. 물에 에스프레소를 부으면 처음에는 에스프레소 분자들이 국소적으로 모여 있고 그 주변을 물 분자들이 둘러싸고 있는 모양이다. 이때에는 에스프레소 분자들과 물 분자들이 비교적 잘 분리돼 있어서 우리의 일상용어로 말하자면 '질서 있게 정리된 모습'이라 표현할 수 있다. 수많은 에스프레소 분자가 용기 전체에서 매우 국소적인 지역에 모여 있을 경우의 수는 상대적으로 아주 작다. 예컨대 열 개의 구슬이 다섯 개의 방 가운데 1번 방에 모두 모여 있을 경우의 수는 한 가지뿐이다. 반면 모든 방에 적어도 하나의 구슬이 있을 경우의 수는 굉장히 많을 것이다. 전자의 경우 엔트로피는 작고, 계는 질서 있는 상태다.

시간이 지남에 따라 뜨거운 물 분자들과 에스프레소 분자들은 활발하게 이리저리 돌아다니면서 서로 충돌한다. 그 결과 충분한 시간이 지나면 용기 전체에 걸쳐 물 분자와 에스프레소 분자가 골고루 뒤섞인다. 이때는 모든 분자가 최대한으로 뒤섞여 무질서한 모습을 나타낸다. 에스프레소 분자와 물 분자가 영역에 따라 나뉘어 있을 경우의 수보다 모두가 뒤죽박죽 골고루 섞여 있을 경우의 수가 훨씬 더 크다. 따라서 이때는 엔트로피가 크고, 계는 무질서하다.

열역학 제2법칙이란 고립된 계의 엔트로피란 결코 줄어들지 않는다는 명제다. 다시 말해 물리계는 질서 있는 방향으로 바뀌지 않는다는 얘기다. 이는 물리현상에 방향성을 부여하는 법칙이다. 아메리카노의 경우 아무리 오랜 시간이 지나고 빨대로 휘저어도 아메리카노가 다시 물과 에스프레소로 나뉘진 않는다. 비빔밥도 마찬가지다. 비빔밥을 한번 섞고 나면 그 뒤로는 아무리 오래 섞어도 나물과 고기와 달걀 프라이와 밥알이 원래처럼 분리되지 않는다. 제2법칙 때문에 열의 흐름에도 방향이 있다. 열은 항상 뜨거운 곳에서 차가운 곳으로 흐른다. 그 방향으로 엔트로피가 증가하기 때문이다. 아메리카노에 얼음 덩어리를 넣으면 아이스 아메리카노가 된다. 만약 열이 얼음에서 아메리카노로 흘러 얼음이 더 차가워지고 아메리카노가 더 뜨거워지는 걸 가정하더라도 에너지는 보존되지만, 결코 그런 일은 일어나지 않는다. 열이 그런 식으로 흐른다면 우리는 차가운 방을 데우기 위해 보일러로 물을 끓이기보다 더 차가운 얼음 조각을 바닥에 깔아야 할 것이다.

제2법칙에 따르면 더운 공기 속에서 차가운 공기가 계속 그 상태를 유지하거나 더 차가워지는 일은 벌어지지 않는다. 그런데 현실에서는 집집마다 그런 작용을 하는 전자제품을 하나 이상 갖고 있다. 바로 냉장고다. 냉장고 안에서는 엔트로피가 낮아지는 것처럼 보인다. 그러나 냉장고 안이 낮은 온도를 유지하는 것은 모터를 작동시켜 냉매를 순환시키는 덕분이다. 또한 냉장고 뒷면 열판에서는 많은 열을 방출한다. 이 모든 과정을 고려하면 엔트로피는 결코 줄어들지 않는다. 제2법칙은 고립계에서 성립한다. 정전이 되어 냉장고에 전원이 연결되지 않으면 결국 냉장고 안의 온도도 냉장고 밖과 같아질 수밖에 없다.

통계역학과 환원주의

엔트로피를 미시세계의 경우의 수로 정의한다는 것은 기체 같은 물리계를 아주 미세한 구성요소, 즉 분자들의 집합체로 다룬다는 것을 전제로 하고 있다. 열 현상을 이처럼 분자들의 운동으로 이해하기 시작한 선구자는 ('5. 전기 문명의 불을 밝힌 맥스웰과 패러데이'에서 소개했듯) 전자기학을 통합한 맥스웰, 그리고 볼츠만이었다. 그렇다고 해서 이들이 기체를 구성하는 수많은 분자 개개의 움직임을 추적해 동역학적으로 기술한 것은 아니다. 맥스웰과 볼츠만은 수많은 분자의 움직임을 통계적으로 다루는 방법을 정립했다. 특히 맥스웰은 기체 분자들이 가질 수 있는 속도에 대한 분포함수를 발견했다. 이 함수는 기체 분자들이 열적 평형 상태에 있을 때 특정한 속력을 가진 분자들이 전체에서 어느 정도의 비율을 차지할 것인지를 나타내는 함수이다. 미국에서는 조사이아 기브스가 비슷한 방법으로 열 현상을 연구했으며 '통계역학'이라는 용어를 처음 도입하기도 했다.

맥스웰과 볼츠만의 시도는 분자(그리고 원자)의 존재를 전제로 한 것이다. 현대적인 원자론은 1803년 영국의 존 돌턴이 도입해 화학 현상을 성공적으로 설명했고 얼마지 않아 이탈리아의 아메데오 아보가드로는 돌턴의 원자론을 발전시켜 아보가드로의 법칙에서 분자의 존재를 암시했다. 그러나 이후 19세기 내내 과학계에서는 분자나 원자의 존재를 대체로 잘 받아들이지 않았다. 인간의 감각 경험으로 직접 확인할 수 없는 것들은 과학 연구의 대상이 되어서는 안 된다는 경험주 또는 논리실증주의 경향이 강했기 때문이다.

원자/분자론이 확실히 받아들여지게 된 것은 1905년 아인슈타인이 원자론으로 브라운 운동을 설명하고 이후 프랑스의 장 패랭이 이를 실험적으로 검증한 뒤였다.

열 현상을 분자 수준에서 통계역학으로 설명한다는 것은 열 현상을 분자들의 운동으로 '환원'한 것이라고도 말할 수 있다. 어떤 현상을 보다 근원적인 요소로 설명하는 접근법을 환원주의라 한다. 그러나 수많은 입자가 모여 빚어내는 거시적인 현상이나 지표들, 예컨대 압력이나 부피 등은 개별 구성 요소 수준에서는 설명할 수 없는 것이기도 하다. 수많은 사람 또는 새가 모여 커다란 무리를 지었을 때 나타나는 군중현상은 개개의 사람과 새 한 마리에서는 관찰할 수 없다. 생명현상도 마찬가지다. 이처럼 하부단위의 개별 구성 요소에서는 볼 수 없으나 이들이 집합적으로 모인 상부단위에서만 드러나는 현상을 창발emergence이라 한다. 창발의 본성은 "많은 것은 다르다More is different"라는 격언으로 잘 설명할 수 있다.

많은 것이 상호 작용하면서 모여 있는 계를 복잡계complex system라 한다. 복잡계는 기상 변화, 생명현상, 교통 상황, 금융시장, 질병 전파 등 인간의 일상생활과 직결되는 문제에도 응용될 수 있다. 2021년 노벨 물리학상은 복잡계와 기후 변화를 연구한 세 명의 과학자 마나베 슈쿠로, 클라우스 하셀만, 조르조 파리시에게 수여되었다. 파리시는 무질서한 복잡계에 숨겨진 패턴을 발견하고 이해하는 데 이론적으로 크게 기여했다. 슈쿠로는 처음으로 수치적인 기후예측 모형을 만들어 현대적 기후 모형을 창시했고, 하셀만은 아인슈타인의 브라운 운동을 기후 시스템에 도입해 기후와 날씨를 연결하는 확률적 기후 모형을 제시했다. 또한 하셀만의 최적지문법最適指紋法 덕분에 지구온난화에 대한 인간의 영향을 알아낼 수 있게 되었다.

2021년의 노벨 물리학상은 복잡계에 관한 연구 성과에 노벨상이 수여된 첫 사례다.

현대물리학 혁명

우회전하는 버스안에서 몸은 왼쪽으로 쏠린다.

7.
상대성이론:
시공간의 혁명

상대성이론theory of relativity이란 상대적으로 운동하는 관측자들이 서로 똑같은 우주의 모습을 보게 될 것인지에 관한 이론이다. 전 세계적으로 흥행했던 SF 영화 〈인터스텔라〉 (2014)에서 딸 머피는 지구에 남아 있고 아빠 쿠퍼는 우주선을 타고 우주여행에 나서는데, 이때 머피와 쿠퍼가 서로 똑같은 우주를 보게 될 것인가는 바로 이 문제를 건드리고 있다고 볼 수 있다.

고전역학의 상대성이론

상대성이론의 원조는 갈릴레이다. 갈릴레이가 종교재판을 받게 된 원인이었던 《두 체계의 대화》는 전체가 네 막짜리

연극처럼 구성된 책으로서 2막과 3막에서 지구의 자전과 공전을 다룬다('2. 과학혁명은 천상에서부터' 참고). 그런데 당대 사람들이 갈릴레이에 반대했던 건 단지 종교적인 이유 때문만은 아니었다. 만약 지구가 서쪽에서 동쪽으로 자전한다면 나무에서 떨어지는 사과나 낙엽은 서쪽으로 치우쳐 떨어져야 하지 않을까? 하지만 그런 현상은 일상에서 볼 수가 없다. 갈릴레이의 반대자들은 이런 논리를 들어 지구가 자전하지 않는다고 주장했다. 이에 갈릴레이는 항해하는 배를 예로 들어 반박했다. 일정한 속도로 움직이는 배의 돛대 위에서 공을 떨어뜨리면 그 공은 돛대에서 배의 뒤쪽으로 치우쳐 떨어지지 않고 돛대 바로 옆에 떨어진다. 공이 애초에 배와 함께 움직이고 있었기 때문이다. 같은 논리를 낙엽이나 사과에도 적용할 수 있다. 그렇다면 배에서 공을 낙하시키는 방법으로는 그 배가 정지해 있는지 움직이고 있는지를 구분할 수 없다. 육지의 입장에서 보면 움직이는 배도 배와 함께 움직이는 공의 입장에서 볼 때는 정지해 있기 때문이다. 오직 상대적인 운동만이 중요할 뿐이다. 이것이 갈릴레이의 이론이다.

갈릴레이의 이론은 아인슈타인의 상대성이론이 등장하

기 전까지 고전역학의 상대성이론으로 자리 잡고 있었다. 갈릴레이의 상대성이론은 아주 간단하다. 정지좌표계에 대해 움직이는 좌표계에서 물체의 운동을 기술할 때는 모든 속도에서 움직이는 좌표계의 속도만큼을 빼주면 된다. 한강 다리 위를 지하철과 자동차가 각각 시속 50킬로미터와 60킬로미터로 나란히 건너가고 있을 때, 지면에 대해 움직이고 있는 지하철의 입장에서 자동차를 관찰하면 어떻게 될까? 직관적으로 우리는 지하철에서 바라본 자동차의 속력은 지면에서 바라볼 때보다 훨씬 더 느려지며 그 수준은 (60km/h-50km/h)임을 알 수 있다. 즉 관찰자가 움직이는 속력을 빼면 된다. 만약 지하철과 자동차가 같은 속도로 움직인다면 지하철에서 바라본 자동차는 정지해 있을 것이다. 하지만 땅에 정지해 있을 때에나 움직이는 지하철을 타고 있을 때에나 다른 모든 눈에 보이는 현상은 본질적으로 다르지 않다. 상대적인 속도만 달라질 뿐이다. 이런 식의 상대성이론은 우리의 경험이나 직관과 너무나 잘 들어맞는다.

갈릴레이의 상대성이론에서 상대적인 운동에 따라 달라지는 속도에는 광속도 포함된다. 에스컬레이터 위를 걸으면 밖에서 봤을 때 에스컬레이터가 움직이는 속도에다 그 위에서 걷는 속도가 더해지듯이, 에스컬레이터 위에서 정지한 채로 스마트폰을 켜면 거기서 나오는 빛은 밖에서 봤을 때 에스컬레이터의 속도에 빛의 속도가 더해져야 마땅할 것이다. 한강을 건너는 자동차가 전조등을 켜면 차 안의 운전자에게 그 전조등 빛의 속력이 광속이겠지만 지면에 정지해 있는 사람에게는 광속에 자동차의 속력이 더해져야만 할 것이다.

아인슈타인이 청소년 시절부터 골몰했다는 사고실험도 이와 비슷한 상황을 가정하고 있다. 만약 빛의 속력으로 날아가면서 같은 방향으로 진행하는 빛을 보면 어떻게 될까? 이는 마치 '자동차와 같은 속력으로 질주하는 지하철 안에서 그 자동차를 보면 어떻게 될까?'라는 질문과 다르지 않다. 갈릴레이의 이론대로라면 이때 자동차는 정지한 것으로 관측되듯이, 빛 또한 정지한 빛으로 관측돼야만 할 것이다. 여기서 까다로운 문제가 생긴다. 빛이 정지한다는 게 무슨 뜻일까? 아인슈타인은 19세기에 정립된 맥스웰 방정식과 전자기학에 능통했기 때문에 빛이 정지한다는 개념이 있을 수 없음을 깨달았다. 맥스웰의 전자기이론에서도 빛은 언제나 광속으로만 진행할 뿐이었다. 그렇다면 광속은 뭔가 특별한 속성이어서 갈릴레이식의 상대적인 속도 관계가 성립하지 않는 걸까? 게다가 갈릴레이의 상대성이론에 따라 움직이는 좌표계로 바꾸게 되면 전자기학을 기술하는 맥스웰 방정식의 형태도 달라지고 만다. 만약 자연의 법칙이 맥스웰 방정식처럼 어떤 물리방정식으로 기술될 수 있다고 본다면, 상대적인 운동 상태에 따라 방정식 곧 물리법칙이 바뀐다는 것은 선뜻 받아들이기 어려운 주장이다. 그 방정식에 문제가 있거나 또는 운동 상태에 따라 방정식을 바꾸는 '특정한 상대성이론' 자체에 문제가 있다고 생각할 수밖에 없다.

아인슈타인은 후자의 길을 걸었다. 상대성이론이 상대적인 운동 상태에서도 이 우주를 똑같은 모습으로 보게 될 것인가에 관한 이론이라고 했을 때, 여기서 '똑같음'의 기준으로 아인슈타인이 제시한 것이 바로 광속과 물리법칙 두 가지였다. 그래서 이 두 가지 요소가 특수상대성이론의 두 가지 가설로 설정되었다.

1. 모든 관성좌표계에서 광속은 변하지 않는다.
2. 모든 관성좌표계에서 물리법칙은 변하지 않는다.

관성좌표계란 관성의 법칙이 성립하는 좌표계로서, 외부의 힘이 작용하지 않으면 물체가 원래의 운동 상태를 유지하는 좌표계다. 하나의 관성좌표계에 대해 속도가 변하지 않는, 즉 등속 운동하는 좌표계는 모두 관성좌표계다. 이 두 가설에 따르면 지면에서나 일정한 속도로 움직이는 지하철에서나 광속은 항상 똑같고 맥스웰 방정식도 그 형태가 똑같이 유지된다. 바꿔 말하자면 아인슈타인은 위 두 가지 가설이 성립하는 수학적으로 일관된 상대성이론을 발견한 것이다. 아인슈타인이 1905년에 발표한 특수상대성이론 논문 제목은 '움직이는 물체의 전기동역학에 관하여'였다.

특수상대성이론에서 똑같음의 기준이 광속과 물리법칙이라면, 고전적인 상대성이론에서는 그 똑같음의 기준이 무엇이었을까? 그것은 바로 모두가 당연하다고 암묵적으로 받아들였던 시간과 공간이었다. 시간과 공간이 상대적인 운동에 따라 달라진다는 상상을 하기란 쉽지 않다. 그건 원래부터, 애초에 이 우주가 세팅이 될 때부터 그냥 우리 우주의 붙박이로 장착된 고정불변의 백그라운드라고 여기는 게 자연스럽다. 아인슈타인은 이 점을 뒤집은 것이다.

아인슈타인이 발견한 우주의 언어, 광속

시간과 공간은 사실 인간의 편의를 위해 만들어진, 그래서 인간에게 익숙한 개념이다. 그러나 인간에게 익숙하고 편리한 개념이 우주의 본질을 담지하고 있을 이유는 없다. 코페르니쿠스 이래로 지구는 더 이상 우주의 중심이 아니고 다윈 이래로 인간 종도 딱히 특별하지 않다. 과학이 우주를 올바르게 기술하려면 인간의 언어가 아니라 우주 본연의 언어로 기술해야 한다. 아인슈타인은 그 우주 본연의 언어를 하나 찾아낸 셈인데, 그것이 바로 광속이다. 따라서 우주를 제대로 기술하려면 광속을 중심으로 이론을 세워야 한다. 시간과 공간이라는 인간의 언어를 우주 본연의 언어인 광속으로 '번역'하는 과정을 거쳐야 하는 것이다. 아인슈타인 이전에는 인간의 언어인 시간과 공간으로 자연의 언어인 광속을 번역했다. 다시 말해 광속은 간단하게 진공 속에서 빛이 이동한 '거리'를 걸린 '시간'으로 나누면 얻을 수 있는 값이다. 특수상대성이론에서는 반대로 우주의 언어인 광속을 절대적인 개념으로서 이론의 중심에 두고 시간과 공간을 다시 번역한다. 그리고 결과는 놀라웠다.

먼저, 특수상대성이론에서는 움직이는 좌표계의 시간 간

격이 늘어난다. 이를 시간 팽창이라고 하는데, 시간 간격이 늘어나기 때문에 실제 시간은 늦게 흐른다. 지구에 남아 있는 머피가 관측한 자신의 시간과, 머피가 관측한 우주 여행자 쿠퍼의 시간은 다르다. 머피가 봤을 때 쿠퍼의 1초는 머피의 1초보다 길다. 그 결과 머피에게는 10초가 지났지만 쿠퍼는 우주선의 속도에 따라 5초밖에 안 지나는 일도 가능하다. 즉 시간은 운동 상태에 따라 상대적이다.

다음으로, 움직이는 좌표계의 길이 또한 달라진다. 정지 좌표계에서 봤을 때 움직이는 좌표계가 진행하는 방향의 길이는 짧아지며, 그 정도는 시간 간격이 늘어나는 정도와 똑같다. 공간 또한 절대적이지 않다. 게다가 시간과 공간이 독립적으로 따로 놀 수도 없다. 광속이 어느 좌표계에서나 불변으로 유지돼야 하기 때문에 시간과 공간이 서로 얽혀 들어야만 한다. 그 결과 시간과 공간은 하나의 '4차원 시공간'을 구성하게 된다. 이에 따라 다른 물리량도 시간 성분과 공간 성분으로 구성된 4차원 물리량으로 기술된다. 예를 들면 에너지는 4차원 운동량의 시간 성분으로, 운동량은 4차원 운동량의 공간 성분으로 들어간다.

특수상대성이론의 틀에서 물체의 운동을 다시 기술하면

질량이 있는 물체의 에너지는 운동에너지와 정지에너지로 나뉨을 알 수 있다. 이때 정지에너지는 질량에 광속의 제곱을 곱한 값으로 주어진다. 이것이 그 유명한 $E=mc^2$이다. 정지에너지와 운동에너지가 더해진 총 에너지는 물체의 속력에 따라 증가하는데, 광속에 가까워질수록 가파르게 증가해 무한히 커진다. 즉 질량이 있는 물체를 광속으로 움직이게 하려면 무한대의 에너지를 투입해야 한다. 이는 현실적으로 불가능한 일이다. 한편 질량이 없는 물체는 언제나 광속으로만 진행하며 특별한 정지좌표계를 상정해 기술할 수 없다. 특수상대성이론에서는 어떤 물체라도 광속을 능가해 진행할 수 없다.

이는 상대적인 운동을 상정하더라도 마찬가지다. 예컨대 지하철이 동쪽을 향해 광속의 90퍼센트로 진행하면서 서쪽을 향해 광속의 80퍼센트로 진행하는 자동차를 관측한다 하더라도, 지하철에서 바라본 자동차의 속력은 광속의 170퍼센트가 아니라 $(0.9+0.8)/(1+0.9\times0.8) = (1.7/1.72)$가 되어 결코 광속을 넘어설 수 없다. 이 새로운 계산법은 운동하는 좌표계에서도 광속이 불변이 되게끔 시간과 공간을 조정한 결과다. 물체의 속도가 광속에 비해 굉장히 작으면 우리에게 익숙한 갈릴레이식 셈법으로 돌아간다. 사실 광속이 무한대로 커지는 극한에서는 특수상대성이론이 뉴턴역학으로 환원된다.

〈인터스텔라〉와 〈엘리시움〉의 원리

일반상대성이론은 말 그대로 특수상대성이론이 일반화된 이론이다. 상대성이론이란 상대적인 운동에 따라 자연을 기술하는 이론이라 했는데, 그 상대적인 운동이 등속운동일 때가 특수상대성이론이고 가속운동일 때가 일반상대성이론이다. 가속운동은 등속운동이 일반화된 운동이라 할 수 있다. 가속운동에 관한 상대성이론에서 가장 중요하고도 기본이 되는 원리가 등가원리다.

등가원리란 가속운동에 따른 관성력과 중력을 구분할 수 없다는 원리다. 가속운동이 등속운동과 다른 점은, 가속운동을 하는 좌표계에서는 관성의 법칙이 작동하지 않아 물리법칙이 달라진다는 점에 있다. 예컨대 버스가 일정한 속도로 등속운동을 하면 관성의 법칙이 성립하면서(중력은 잠시 모른 척하자), 길거리에 정지한 좌표계에서와 물리법칙이 똑같다. 반면 버스가 급출발하거나 급정거할 때 또는 모퉁이를 돌아갈 때는 버스의 속도가 바뀌기 때문에 가속운동 상태에 들어가게 된다. 이때는 버스라는 좌표계 안에 있는 모든 물체가 원래의 운동 상태를 유지하려고 하는데(관성), 버스의 속도가 바뀌기에 물체는 속도가 바뀌는 반대 방향으로 힘을 받게 된다. 버스가 모퉁이를 돌아갈 때는 가만히 서 있던 사람도 바깥으로 쏠리는 힘을 받는다. 이 힘이 곧 관성력이다. 관성력이 작용하면 버스 안의 물체에는 관성의 법칙이 작용하지 않는다. 관성력은 버스 바깥에 정지해 있는 사람에겐 없는 힘이다.

만약 버스가 정지해 있고 모퉁이 바깥쪽에 엄청나게 질량이 큰 물체가 있어서 버스 안의 모든 물체에 중력이 작용한다면 버스 안 사람들은 마치 버스가 모퉁이를 도는 것과 똑같은 효과를 경험하게 될 것이다. 이것이 등가원리다. 가속운동하는 좌표계는 정지좌표계와 중력으로 바꿔치기할 수 있다.

등가원리는 매일 아침 엘리베이터 안에서도 체험할 수 있다. 엘리베이터가 올라가기 시작하면 위로 가속되므로 아래 방향으로 관성력이 작용하고, 그 결과 몸무게가 무거워짐을 느낄 수 있다. 엘리베이터가 상승을 멈추면 반대의 상황이 벌어진다. 자이로드롭 같은 놀이기구가 자유 낙하할 때 무중력 상태를 느끼는 것도 같은 원리다. 자유 낙하하면 지구 방향으로 가속되기 때문에 그 반대 방향인 위쪽으로 관성력이 작용하는데, 이때 관성력의 크기가 중력과 같아 사람 몸에는 그 어떤 힘도 작용하지 않는다. 지구 주위를 도는 우주정거장에서 무중력 상태를 느끼는 것도 마찬가지 원리에서다.

SF 영화에서는 등가원리를 가지고 우주선에서 인공중력을 만드는 장면을 쉽게 목격할 수 있다. 〈인터스텔라〉나 〈마션〉(2015)의 우주선, 그리고 〈엘리시움〉(2013)의 거대 구조물은 회전운동에 의한 관성력인 원심력을 이용해 중력을 대체하고 있다. 회전반경과 회전속도를 잘 조절하면 지구 표면에서 나타나는 중력가속도를 우주선에서도 재현할 수 있다. 설령 신이라 하더라도 우주선의 회전에 의한 관성력이 작용하는지 중력이 끌어당기고 있는지 구분할 수 없다는 것이 또한 등가원리다.

등가원리를 이용하면 중력에 관한 놀라운 결과를 얻어낼 수 있다. 특수상대성이론에서 봤듯 움직이는 좌표계의 시공간은 다이내믹하게 변한다. 가속운동을 하는 상황이라면 더

욱 그럴 것이다. 즉 가속운동을 하면 시공간의 모양이 심하게 뒤틀릴 것이다. 여기서 등가원리를 적용한다면 가속운동은 중력으로 바꿔치기할 수 있고, 삼단 논법을 통해 중력이란 곧 시공간의 뒤틀림이라고 이해할 수 있을 것이다. 이 말을 그대로 수식으로 옮기면 아인슈타인의 중력장 방정식에 이르게 된다. 그러니까 특수상대성이론을 일반화한 일반상대성이론은 현대화된 중력이론으로서 중력을 시공간의 기하학으로 이해하는 이론인 셈이다. 일반상대성이론에서는 태양 같은 무거운 물체가 있으면 그 주변 시공간이 휘어지고 주변의 다른 물체들은 그렇게 휘어진 시공간의 최단경로를 따라 운동한다.

중력이 약하고 시간에 대해 정적인 상황에서는 일반상대성이론도 뉴턴의 중력이론인 만유인력의 법칙을 재현한다. 그러나 태양 때문에 생기는 주변 시공간의 곡률효과가 만유인력의 법칙에는 없던 효과를 만들어내기도 한다. 예컨대 수성의 공전궤도는 뉴턴역학의 예측과 달리 변칙적으로 움직이는데, 금성이나 목성 등 다른 행성의 영향을 제외하고도 설명되지 않는 변화가 오랜 세월 천문학자들을 괴롭혔다. 아인슈타인은 자신의 중력장 방정식을 완성하기 직전에 새로운 중력이론으로 이 문제를 해결했다.

태양이 만든 시공간의 곡률은 멀리서 태양 근처를 지나는 빛의 경로도 휘게 만든다. 그 정도는 뉴턴역학에서 예측한 것과 두 배 차이가 난다. 1919년 영국의 아서 에딩턴은 그해 일식 때 태양 주변의 별빛을 관측해 아인슈타인의 예측이 옳았음을 밝혔다.

천체에 의한 시간의 휘어짐은 시간 간격의 변화로 나타난다. 일반적으로 중력이 강력한 시공간에서는 시간 간격이 늘어나서 시간이 느려진다. 이 결과는 특수상대성이론의 결과로부터 유추할 수 있다. 특수상대성이론에서는 움직이는 좌표계의 시간 간격이 늘어나므로 가속운동을 하는 좌표계에서도 비슷하게 시간 간격이 늘어날 것으로 기대할 수 있다. 등가원리에 따라 가속운동은 중력과 동등하므로 중력이 강력한 곳에서는 시간이 느려질 것으로 예상할 수 있다. 중력에 의한 시간 팽창 현상도 20세기 내내 많은 실험으로 검증되었다. 영화 〈인터스텔라〉에서 쿠퍼가 딸 머피보다 나이를 덜 먹는 주된 이유는 일반상대성이론의 중력효과 때문이다. 영화에 등장하는 블랙홀은 일반상대성이론이 예측한 특이한 천체로서 중력이 굉장히 강력해 빛조차 빠져나올 수 없는 경계면을 갖는 시공간의 영역이다. '사건의 지평선event horizon'이라는 이름이 붙은 그 경계면에 가까이 다가갈수록 중력은 강력해지며 시간은 점점 느려진다. 일단 넘어서기만 하면 그 어떤 것도 빠져나올 수 없는 '불귀면不歸面' 역할을 하는 그 경계면에서는 시간의 흐름이 멈춘다. 이 점을 활용하면 〈인터스텔라〉에서처럼 미래로 가는 시간 여행은 충분히 가능하다.

일상생활 속 일반상대성이론

스마트 기기에 위치 정보를 제공하는 GPSGlobal Positioning System 위성은 특수상대성이론과 일반상대성이론의 효과를 동시에 체험할 수 있는 실험장이다. GPS 위성은 지상고도 약 2만 킬로미터의 궤도에서 시속 1만 킬로미터 이상의 빠른 속력으로 움직인다. 위성의 빠른 속력은 특수상대성이론의 시간 팽창 효과를 낳고, 위성의 높은 고도는 일반상대성이론의 시간 수축 효과를 낳는다. 두 가지 상반된 효과 가운데서는 후자가 더 크게 작용한다. GPS 위성의 시계에는 이와 같은 상대성이론의 효과가 보정돼 있다. 그렇지 않으면 지상에서의 위치에 큰 오차가 생긴다.

상대성이론은 국제도량형국에서 길이의 기본단위인 1미터를 정의하는 데에도 밑바탕이 되고 있다. 초기에는 임의로 제작한 금속 막대를 미터원기로 지정해 1미터의 기준으로 삼았다. 이후 방사성 크립톤 원자에서 방출되는 주황색 빛의 파장을 기준으로 1미터를 정의했다가 1980년대에 광속을 기준으로 한 정의로 바꾸었다. 그에 따르면, 진공 중 광속이 초속 299,792,458미터이므로 빛이 진공 속에서 299,792,458분의 1초 동안 이동한 거리를 1미터라 정의할 수 있다. 광속은 어쨌든 이 우주의 절대적인 상수이므로 이를 기준으로 미터를 정의하는 것은 현명한 선택이었다. 이후 2002년 국제도량형국의 권고안에서는 이 정의가 지구에 의한 일반상대론적 효과(빛의 꺾임)를 무시할 수 있는 수준에서 적용하도록 하고 있다.

지난 100여 년 동안 모든 실험적/관측적 증거는 일반상대성이론이 옳은 중력이론임을 입증해왔다. 그러나 결정적으로 일반상대성이론의 중요한 예측 결과인 중력파는 검출되지 못한 채로 남아 있었다. 중력파란 질량이 있는 물체가 가속하면서 시공간의 곡률에 변화를 야기해 그것이 시공간의 요동으로 퍼져나가는 파동을 뜻한다.

아인슈타인은 일반상대성이론을 완성한 이듬해인 1916년 중력파의 존재를 예견했다. 이후 1974년 쌍성 펄서의 궤도 변화가 일반상대성이론에서 예측한 결과(중력파 방출에 따른 에너지 손실)와 일치해 중력파의 존재를 간접적으로 확인할 수 있었다. 그로부터 다시 40년가량의 세월이 흘러 레이저 간섭계를 이용한 검출 장치인 LIGO에서 2015년 처음으로 중력파를 검출하는 데 성공했는데, 이는 두 개의 블랙홀이 병합하는 과정에서 방출되는 중력파였다. 이후에는 중성자별 두 개가 병합하는 과정에서 방출되는 중력파도 검출되었다. 블랙홀이나 중성자별의 병합 과정에서 나오는 중력파를 검출한 것은 중력이 굉장히 강력한 영역에서 일반상대성이론을 직접 검증한 것이라 그 의미가 더욱 크다.

8.
양자역학:
과거와의 혁명적 단절

양자역학은 간단히 말해 원자 이하의 미시세계를 지배하는 자연의 원리다. 여기서 '양자量子, quantum'란 덩어리진 물리량을 뜻하는데, 덩어리진 양은 곧 해당 물리량의 최소 단위역할을 한다. 어떤 물리량에 최소 단위가 있으면 그 물리량은 최소 단위의 정수배로만 존재하며 그 결과 해당 물리량은 불연속적인 값을 갖게 된다. 그러니까 양자역학이란 최소 단위로 덩어리진 불연속적인 물리량에 대한 역학이라할 수 있다. 반면 고전역학에서는 에너지, 운동량 등 대부분의 물리량이 연속적이다. 비유적으로는 경사면과 계단면의차이를 들어 설명할 수 있다. 경사면에서는 지면에서 어느임의의 위치에나 연속적으로 서 있을 수 있지만 계단면에서는 임의의 위치에 연속적으로 서 있을 수 없고 한 단 높이의 정수배에 해당하는 높이에만 서 있을 수 있다. 미시세계는 매끈한 경사면이 아니라 계단면이다. 그 계단 한 단의 높이가 대략 플랑크 상수라는 물리량 $\hbar$(엄밀하게 말해 플랑크 상수 h를 2π로 나눈 값을 $\hbar$라 하는데, 혼돈이 없는 경우 어느 쪽이든 플랑크 상수라 부르기도 한다)에 해당한다. 만약 계단의 높이가 0이 되면 계단면은 매끈한 경사면으로 바뀔 것이다. 또는 아주 멀리서 보면 계단의 단이 잘 보이지 않고 역시 매끈한 경사면으로 보인다. 고전역학과 양자역학의 관계는 이와 같다. 멀리서 보면(고전역학) 매끈한 경사면으로 연속적이지만 가까이 다가가서 보면(양자역학) 불연속적인 단이 보이기 시작하는 것이다.

관측 전에는 알 수 없는 확률의 미시세계

양자역학이 지배하는 미시세계는 우리에게 익숙한 거시세계와 많이 다르다. 그래서 거시세계에 맞게 진화한 인간의 언어는 미시세계를 기술하는 데 적합하지 않다. 이는 마치 상대성이론에서 공간과 시간이라는 개념보다 광속이 더 중요한 것과 비슷한 이치다. 예컨대 미시세계에서는 파동과 입자의 구분이 애매해진다. 전통적으로 파동이라 생각했던 빛이 때로는 입자처럼 행동하며, 원자를 구성하는 입자로 여겨졌던 전자가 파동의 성질을 보이기도 한다. 이를 입자-파동 이중성이라 부른다. 그러니까 빛은 입자인가 파동인가 하는 질문은 적어도 미시세계에서는 별 의미가 없다는 뜻이다. 빛은 입자이기도 하고 파동이기도 하기 때문이다. 이는 근본적으로 입자와 파동이라는 고전역학의 개념이 자연을 완전히 기술하는 데 적합하지 않기 때문이다. 빛은 빛이고 전자는 전자일 뿐인데, 그 근본적인 성질을 인간의 부족한 언어로 기술하기에는 한계가 있다.

양자역학에서는 어떤 물리계를 파동함수wave function로 기술한다. 파동함수는 그 물리계의 모든 양자역학적 정보를 갖고 있으며 그 계의 양자 상태를 규정한다. 물리계와 독립적으로 존재하는 사람이나 어떤 장비가 그 계를 관측하면 어떤 물리량을 얻을 수 있다. 이때 그 물리계에는 관측 가능한 물리량에 상응하는 특별한 상태가 존재하는데, 이를 고유 상태eigenstate라 한다. 물리계의 양자 상태는 일반적으로 어떤 물리량에 상응하는 가능한 고유 상태들의 합으로 풀어서 쓸 수 있다. 이처럼 둘 이상의 양자역학적 상태가 더

해진 것을 '양자중첩'이라고 한다. 양자 상태를 고유 상태로 전개했을 때 각 고유 상태 앞에 곱해지는 계수는 일반적으로 복소수인데, 이를 복소제곱한 값이 바로 그 특정한 고유 상태가 관측될 확률을 나타낸다. 그러니까 그 계수는 일종의 가중치 역할을 하는 셈이고, 그렇게 중첩된 상태가 일종의 확률분포를 주는 셈이다.

양자 상태는 관측이 이루어지기 전에는 일반적으로 특정 관측량에 상응하는 고유 상태들의 중첩 상태에 놓여 있다. 똑같은 양자 상태를 다른 관측량의 고유 상태에 대해 다른 식으로도 전개해서 쓸 수 있다. 관측이 이루어지기 전까지는 계가 확률적으로만 존재한다. 실제 관측이 이루어졌을 때 어떤 측정값이 나올지는 확률적으로만 알 수 있다. 관측이 이루어지면 중첩은 사라지고 관측에서 얻은 측정값이 해당하는 하나의 고유 상태만 남는다. 이 과정을 붕괴collapse라고 한다. 하나의 고유 상태로 붕괴한 뒤에는 같은 물리량을 관측하면 100퍼센트의 확률로 원래 얻은 관측값만 나온다. 중첩이 붕괴되고 하나의 고유 상태만 남았기 때문이다.

그러나 물리량 A에 대한 고유 상태는 다시 다른 물리량 B에 대한 고유 상태들의 중첩으로 전개할 수도 있다. 즉 물리량 A를 관측해 A_1의 값을 얻었다면 그 계는 A_1에 상응하는 고유 상태 하나만 남게 되는데, A_1의 고유 상태는 다시 다른 물리량 B의 고유 상태들의 합으로 쓸 수 있어서 물리량 B를 관측하면 B_1, B_2, ……, B_n 등의 값을 얻을 확률만 알 수 있다. 만약 관측 결과 B_3의 값을 얻었다면 A_1의 고유 상태는 즉시 B_3 상태로 붕괴한다.

이처럼 물리계가 관측 전에는 양자 상태들의 중첩 상태에 놓여 있고 관측을 했을 때 그 결과에 상응하는 하나의 고유 상태로 붕괴하며, 어떤 고유 상태로 붕괴할 것인지는 확률적으로만 주어진다는 내용이 이른바 양자역학의 '코펜하겐 해석'의 핵심적인 사항이다. 이는 고전역학과 무척 다르다. 고전역학에서는 관측이 이루어지기 전에라도 적절한 초기 조건과 뉴턴동역학을 결합시켜 정확한 결과를 알 수 있다.

파동함수 자체도 특정한 위치에 대한 확률분포 밀도함수라 할 수 있다. 파동함수의 복소제곱을 특정 공간 영역에서 적분하면 그 영역에서 해당 입자를 발견할 확률을 얻게 된다. 물리계의 정보는 모두 파동함수로 주어지므로 미시세계에서는 계의 위치 또한 확률적으로 주어질 수밖에 없다. 예컨대 수소 원자 속의 전자는 원자핵 주변을 특정한 궤도로 돌고 있는 게 아니라, 핵 주변에 확률적으로 존재할 뿐이다.

미시세계에서 전자가 확률적으로 존재한다는 것은 반도체를 만들 때에도 중요한 문제다. 고전역학이 적용되는 공을 벽에 던지는 경우를 생각해보자. 벽을 넘거나 벽을 뚫고 나갈 만큼 공을 강력하게 던지지 않으면 공은 벽에 맞고 되튕겨 나온다. 이 상황을 보통 공이 물리적인 벽이라는 '퍼텐셜 장벽'에 막혔다고 표현한다. 이와 비슷한 상황을 거시적인 공이 아니라 미시적인 전자에도 구현할 수 있다. 전자기적인 퍼텐셜로 전자를 가둬둘 수가 있는데 그 퍼텐셜 장벽이 무한히 높지 않다면 전자의 파동함수가 장벽 너머에 존재할 확률은 0이 아니다. 전자의 에너지가 퍼텐셜 장벽보다 더 낮더라도 그렇다. 이 확률이 아무리 작을지언정 전자가 수없이 많다면 분명 일부 전자는 장벽 너머로 '관통'할 수 있다. 이를 양자관통quantum tunneling이라 한다.

반도체 제조회사들은 반도체 성능을 높이기 위해 회로의 선폭을 좁혀 더 작은 영역에 더 많은 트랜지스터를 집약시키고자 노력한다. 최근 언론 보도에 따르면 삼성전자가 3나노미터 공정에 성공했고 경쟁사들은 1나노미터급 공정 개발에 매진 중이라고 한다. 나노nano는 10^{-9} 즉 10억 분의

1을 뜻하는 접두사로서, 1나노미터는 10억 분의 1미터다. 이는 대략 수소원자 열 개 정도에 해당하는 크기다. 3나노 공정은 반도체의 성능을 상징적으로 드러내는 말이라 정확하게 회로선폭이 3나노미터인 것은 아니다. 그러나 이렇게 나노미터 단위로 회로가 미세해지면 그 속을 돌아다니는 전자가 양자관통 덕분에 엉뚱한 곳으로 흐를 가능성이 높아지고 그 결과 누설전류가 생기기도 한다. 반도체 소자가 작아질수록 이 문제는 반드시 극복해야 할 문제이기 때문에 제조사들도 다각도로 해결책을 모색하고 있다.

생사가 중첩된 '슈뢰딩거 고양이'

파동함수를 확률로 처음 해석한 독일의 막스 보른을 비롯해 양자역학의 태두라 할 수 있는 닐스 보어, 그리고 행렬을 이용해 새롭게 양자역학의 체계(행렬역학)를 수립한 베르너 하이젠베르크 등이 주도한 코펜하겐 해석을 당대 모든 과학자가 수용한 것은 아니었다. 하이젠베르크의 행렬역학과 동등한 파동방정식을 만든 에르빈 슈뢰딩거(그의 방정식은 당연하게도 '슈뢰딩거 방정식'이라 불린다)나 전자 같은 입자들의 파동적 성질을 주장한 드 브로이, 심지어 아인슈타인도 코펜하겐 해석을 마뜩잖아했다.

슈뢰딩거는 코펜하겐 해석의 부당함을 논파하기 위해 재미있는 사고실험을 하나 제안했다. 사고실험의 내용은 고양이의 생사와 관련된 것이었다. 먼저 상자 안에 고양이를 넣고 이 고양이의 생사를 결정할 복잡한 장치를 설치한다. 그 출발은 방사성물질로, 이 물질이 한 시간 뒤에 방사성 붕괴를 할 확률은 50퍼센트다. 그리고 만약 이 물질이 붕괴하면 그때 방출되는 방사선을 감지하는 감지기가 있다. 감지기가 방사선을 감지하면 망치를 작동시켜 독가스가 들어 있는 병을 깨면 된다. 자, 이렇게 설치된 상자의 뚜껑을 닫고 한 시간이 지났을 때 고양이는 살았을까, 죽었을까?

방사성물질이 한 시간 뒤에 붕괴할 것인지 아닌지는 양자역학적으로 결정된다. 코펜하겐 해석이 옳다면 관측이 이루어지기 전에는 한 시간 뒤에 방사성물질의 상태는 정상 상태와 붕괴 상태가 중첩된 채로 있다. 그렇다면 감지기도 감지 상태와 미감지 상태가 중첩돼 있을 것이고…… 결국 고양이는 삶과 죽음의 중첩 상태에 놓이게 된다! 이것이 슈뢰딩거의 주장이었다. 물론 우리는 지금까지 살아있는 고양이와 죽은 고양이의 중첩 상태를 본 적도 없고 그런 상태를 상상하기도 어렵다. 다만 슈뢰딩거는 '슈뢰딩거 고양이'라는 이름이 붙은 이 사고실험을 통해 코펜하겐 해석이 얼마나 어이없는 결론에 이르게 되는지를 보여주고 싶었던 것이다.

실제 고양이는 당연하게도 생사가 중첩된 상태에 있지 않다. 관측이란 사람이나 장비와 물리계의 상호작용이기도 하지만 넓게는 주변 환경과의 상호작용이기도 하다. 고양이 같은 거시적인 생명체는 그 존재 자체가 이미 어떤 형태로든 '관측된' 상태이므로 중첩 상태에 놓여 있지 않다. 그러나 미시세계의 입자들은 정말로 '슈뢰딩거 고양이 상태'를 겪는다. 프랑스의 세르주 아로슈와 미국의 데이비드 와인랜드는 1990년대에 각각 광자와 이온을 이용해 미시세계에서 슈뢰딩거 고양이 상태를 구현하는 데 성공했고 그 공로로 2012년 노벨 물리학상을 수상했다.

불확정성 원리의 미스터리

양자역학이 지배하는 미시세계에서는 이처럼 인간의 직관 경험을 뛰어넘는 경우가 많다. 그중 하나가 하이젠베르크의 불확정성 원리다. 불확정성 원리는 같은 방향의 위치와 운동량에 대한 불확정성을 동시에 임의로 작게 줄일 수 없다는 걸 말해준다. 예컨대 x 방향의 위치와 x 방향의 운동량 사이에는 불확정성의 원리가 적용되지만 x 방향의 위치와 z 방향의 운동량 사이에는 불확정성의 원리가 적용되지 않는다.

불확정성의 원리를 처음 주창한 하이젠베르크는 일종의 관측 효과로서 불확정성의 원리를 설명했다. 예컨대 전자의 위치를 측정하기 위해 빛을 쪼이는 상황을 생각해보자. 관측 행위란 사실 어떻게든 충돌 또는 일반적인 상호작용을 전제할 수밖에 없다. 전자의 위치를 더 정밀하게 측정하려면 전자를 탐색하는 빛의 파장이 짧아야 한다. 그러나 빛은 파장이 짧을수록 운동량이 커진다. 운동량이 큰 광자가 전자와 충돌하면 전자의 운동량도 크게 변할 수밖에 없다. 그 결과 전자의 운동량에 대한 불확정성이 커진다. 반대로 빛의 파장이 길어지면 전자의 운동량에 큰 변화를 주지 않는다. 그러나 파장이 길어지면 전자의 위치를 탐색하는 정밀도가 떨어진다. 어떤 경우든 전자 위치의 불확정성과 운동량의 불확정성을 동시에 임의로 작게 줄일 수는 없다. 두 변수의 불확정성의 곱은 항상 플랑크 상수를 반으로 나눈 값보다 크거나 같다. 이와 비슷한 관계가 시간과 에너지에 대해서도 성립한다.

사실 불확정성의 원리는 관측 효과를 훨씬 뛰어넘는 보다 근본적인 자연의 한계다. 예컨대 파동으로서의 전자를 생각해보자면, 골과 마루가 여러 차례 반복되는 파동은 비교적 분명하게 그 파장의 길이(파장이 정해지면 전자라는 물질파의 운동량이 정해진다)를 알 수 있지만 그만큼 파동 자체가 공간에 널리 퍼져 있어 그 정확한 위치를 정밀하게 특정할 수 없다. 반면 파동의 한 마루만 굉장히 높은 봉우리를 형성하는 파동이라면 그 피크의 위치를 비교적 정확하게 특정할 수 있으나 이런 파동에서는 반복되는 마루와 마루 사이의 길이로서의 파장(따라서 운동량)을 정의하기 어렵다. 따라서 어느 경우든 위치의 불확정성과 운동량의 불확정성의 곱은 항상 최솟값을 가진다.

전자가 확률적으로만 존재하며 운동량과 더불어 불확정성의 관계에 있다면 전자의 궤적을 임의의 정밀도로 끝까지 추적하는 것이 양자역학의 세계에서는 사실상 불가능하다. 그 결과 전자가 여럿 있더라도 어느 전자가 어느 전자인지 명확하게 구분할 수가 없다. 이런 입자들을 '같은 입자identical particles'라고 한다. 양자역학에서는 같은 입자에도 두 종류가 있다. 두 입자를 서로 바꾸었을 때 두 입자에 대한 파동함수의 부호가 똑같은 경우와 정반대인 경우, 두 가지 가능성이 있다. 왜냐하면 두 입자를 두 번 바꾸면 원래 상태와 똑같아야 하고 한 번 바꾸는 행위를 제곱한 결과는 +1과 같다고 볼 수 있으므로 두 입자를 한 번 바꾸었을 때는 원래의 파동함수의 부호가 +1 또는 −1이어야 한다. 이때 부호가 변하지 않는 +1인 입자를 보손boson, 부호가 바뀌어 −1인 경우를 페르미온fermion이라 한다. 보손은 인도의 물리학자인 사티엔드라 나스 보스의 성을, 페르미온은 이탈리아의 물리학자 엔리코 페르미의 성을 딴 것이다. 빛 즉 광자는 보손이며, 전자나 양성자 등은 페르미온이다.

만약 두 전자의 모든 양자역학적 상태가 똑같다면, 두 전자를 뒤바꾸어도 파동함수는 똑같을 것이다. 그러나 전자는 페르미온이므로 두 전자를 바꾸었을 때 파동함수의 부호가 바뀌어야 한다. 어떤 숫자의 원래 값과 그 반대 부호의 값이 같다면 그 숫자는 0일 수밖에 없다. 즉 모든 양자역학적 상태가 똑같은 두 전자의 파동함수는 0이다. 이 말은 그런 상태가 물리적으로 존재할 수 없음을 뜻한다. 전자는 같은 상태에 둘 이상이 있을 수 없다(파울리의 배타원리)! 반면 보손은 수많은 입자가 하나의 상태에 모여들 수 있다(보스-아인슈타인 응축).

보손과 페르미온은 각각 입자들이 고유하게 보유하고 있는 내재적 회전효과인 스핀spin이라는 물리량과 밀접한 관련이 있다. 스핀은 그 명칭과 달리 실제 입자가 회전하는 정도를 나타내는 것은 아니다. 스핀을 가진 입자는 그로부터 자기모멘트를 가질 수 있다. 이는 고전 전자기학에서 전기를 띤 입자가 회전하는 것과 비슷한 효과다. 자기모멘트는 외부 자기장과 상호작용을 할 수 있다.

스핀과 같은 입자의 관계는 다음과 같다. 스핀값이 플랑크 상수의 반정수(1/2, 3/2, ……)배에 해당하는 입자는 페르미온이고 정수배에 해당하면 보손이다. 전자의 스핀은 플랑크 상수의 단위로 2분의 1이고 광자는 1이다. 일반적으로 스핀의 크기가 S로 주어지면 그 성분은 (2S+1)개가 가능하다. 따라서 전자는 (2×1/2+1=2)개의 성분만 가질 수 있다. 흔히 이를 스핀 업spin up/스핀 다운spin down으로 표현한다.

중첩과 스핀도 충분히 기묘한 현상이지만 양자역학에서 가장 신묘한 현상을 하나 꼽으라면 얽힘entanglement을 빼놓을 수 없다. 얽힘이란 두 입자의 양자 상태가 서로 의존적으로 결부된 것을 말한다. 얽힘이 양자역학에서 주목받기 시작한 것은 아인슈타인이 1935년 보리스 포돌스키, 네이선 로즌과 함께 쓴 논문 때문이었다. 저자들의 머리글자를 따 'EPR'이라 불리는 이 논문은 양자역학이 완전하다고 가정했을 때 어떤 모순이 생길 수 있는지를 '얽힘'을 통해 주장했다.

EPR의 주장을 조금 변형해 설명하자면 이렇다. 고기 메뉴가 적힌 상자와 식사 메뉴가 적힌 상자가 있다. 고기 메뉴 상자 안에는 삼겹살과 갈비가 적힌 쪽지가 한 장씩 들어 있고, 식사 메뉴 상자 안에는 누룽지와 냉면이 적힌 쪽지가 한 장씩 들어 있다. 이제 갑과 을이 차례로 고기 메뉴 상자와 식사 메뉴 상자에서 쪽지를 한 장씩 꺼내 간다. 갑은 지구에 남아 있고 을은 안드로메다로 250만 광년의 먼 여행을 떠난다. 둘은 종이를 아직 펴보지 않았다. 그리고 고기 메뉴와 식사 메뉴에는 불확정성의 원리가 적용돼 규칙상 누구라도 두 쪽지를 한꺼번에 펴보지는 못한다고 가정하자.

양자역학의 교리에 따르면 갑이든 을이든 고기 메뉴 쪽지를 펴보기 전에는 삼겹살과 갈비가 중첩된 상태에 있다. 그러다 쪽지를 펴는 순간 삼겹살 또는 갈비 하나의 메뉴가 정해진다. 어느 메뉴가 나올지는 확률(각각 50퍼센트라고 하자)로만 알 수 있다. 이와 달리 뉴턴역학에서는 갑과 을이 쪽지를 선택하는 순간 모든 게 다 결정된다.

만약 갑이 고기 메뉴를 펴보고 삼겹살을 확인한 뒤 다시 접어놓은 다음 식사 메뉴를 펴본다면 어떻게 될까? 식사 메뉴를 펴기 전에는 고기 메뉴가 삼겹살이라는 고유 상태로 붕괴되었으므로 다시 고기 메뉴를 펼치면 100퍼센트의 확률로 삼겹살이 나온다. 반면 식사 메뉴는 고기 메뉴와 불확정성의 관계에 있어서 식사 메뉴를 펼치면 누룽지와 냉면이 각각 50퍼센트의 확률로 나온다. 이제 식사 메뉴를 펴서 냉면이 나왔다면 갑의 상태는 냉면이라는 고유 상태로 고착되는데, 고기 메뉴는 식사 메뉴와 불확정성의 관계에 있기 때문에 고기 메뉴는 다시 중첩 상태로 돌아간다. 즉 처음에 고기 메뉴에서 삼겹살을 확인했다 하더라도 식사 메뉴에서 하나의 상태가 결정이 되면, 식사 메뉴를 접어놓고 다시 고기 메뉴를 펼지언정 삼겹살이 100퍼센트의 확률로 나오진 않는다. 50퍼센트의 확률로 갈비가 나올 수도 있는 것이다.

이제 을이 안드로메다에 있는 상황에서 갑이 쪽지를 펴보는 경우를 살펴보자. 갑이 고기 메뉴를 펴기 전에는 갑과 을의 쪽지가 모두 삼겹살과 갈비의 중첩 상태에 있다. 갑이 고기 메뉴를 펼치는 순간, 가령 삼겹살 메뉴를 확인했다면 바로 그 순간 을의 상태는 갈비가 된다. 갑의 관측 행위가 갑과 을의 고기 메뉴 상태를 하나의 세트로 한꺼번에 결정하기 때문이다.

이제 갑은 고기 메뉴를 접어놓고 식사 메뉴를 확인한다. 앞서 말했듯 갑이 식사 메뉴를 펼치는 순간 갑의 고기 메뉴는 다시 중첩 상태가 된다. 그렇다면 을의 식사 메뉴는 어떻게 될까? 만약 갑의 식사 메뉴가 누룽지로 나왔다면 을의 식사 메뉴는 그 즉시 냉면으로 붕괴한다. 여기서 미묘한 문제가 생긴다.

EPR의 주장은 이렇다. 을은 갑에게서 250만 광년 떨어져 있으므로 갑의 관측 행위가 을에게 전달되려면 광속으로 정보를 보낸다 하더라도 250만 년이 걸린다. 그 전까지는 갑의 행위가 을의 상태에 그 어떤 영향을 미칠 수도 없으니 을의 식사 메뉴가 누룽지가 된다 하더라도 그 때문에 을의 고기 메뉴가 다시 중첩 상태로 돌아가지는 않을 것이다. 다시 말해 갑은 지구에서 자신의 관측 행위로 을에게 전혀 영향을 주지 않고 을의 고기 메뉴와 식사 메뉴를 모두 정확하게 알 수 있다! 이는 고기 메뉴와 식사 메뉴 사이의 불확정성의 원리에 위배된다. 이처럼 EPR은 양자역학이 완전하다고 가정했을 때 모순이 생긴다는 점을 지적함으로써 결국 양자역학이 불완전하며, 아직 알려지지 않은 숨은 변수가 이 문제를 해결할 것이라고 보았다.

EPR의 논리에는 국소성locality이라는 개념이 중요하게 녹아 있다. 국소성이란 한 곳에서 일어난 현상이 아주 멀리 있는 다른 곳에 즉각적으로 영향을 미치지 못한다는 성질이다. 이는 특히 광속 제한이 있는 특수상대성이론과 궁합이 잘 맞는다. 뉴턴역학의 관점에서 보자면 갑과 을이 상자 안에서 쪽지를 고르는 순간 모든 게 결정된다. 이는 국소성의 원리가 작동한 경우다. 반면 양자역학에서는 갑과 을이 아무리 멀리 떨어져 있어도 둘 중 한 명이 쪽지를 펴보는 순간 둘의 상태가 결정된다. 이는 비국소적이다. EPR은 국소성을 전제했을 때 양자역학이 스스로 모순을 일으킨다고 주장한다.

EPR이 옳은지 여부는 결국 실험으로 판명 날 수밖에 없었는데, 그 돌파구가 열리기까지는 거의 30년이 걸렸다. 1964년 영국의 물리학자 존 스튜어트 벨은 EPR을 실험적으로 검증할 수 있는 하나의 부등식을 개발했다. 이를 '벨 부등식'이라고 한다. 만약 벨 부등식이 항상 성립하면 이는 국소적인 이론이 옳다는 것이고, 부등식이 성립하지 않는 경우가 생기면 비국소적인 이론이 옳다는 얘기가 된다. 1970년대부터 미국의 존 클라우저, 프랑스의 알랭 아스페, 오스트리아의 안톤 차일링거 등 과학자들은 벨 부등식을 검증하기 위한 실험에 착수했다. 그 결과는 모두 벨 부등식에 맞지 않으며 양자역학의 예측과 일치하는 것으로 드러났다. 이로써 ERP이 주장한 국소적인 숨은 변수이론은 틀린 것으로 확인되었다. 클라우저와 아스페, 차일링거는 그 공로로 2022년 노벨 물리학상을 수상했다.

EPR이 틀린 것으로 판명되긴 했으나, 갑과 을 사이에 광속보다 빠른 정보가 전달된 것은 아니다. 양자역학적인 상태가 동시에 결정되었을 뿐이다. 을의 입장에서는 갑이 고기 메뉴를 펴봤는지 안 펴봤는지, 또는 고기 메뉴를 접어두고 식사 메뉴를 펴봤는지 그러지 않았는지 알 길이 없다. 만약 갑이 고기 메뉴를 펴서 삼겹살이 나왔다 하더라도 을은 자신의 고기 메뉴가 그에 따라 갈비로 결정되었다는 사실을 적어도 250만 년 동안 알 수가 없다. 다만 을이 고기 메뉴를 펼쳐보면 100퍼센트의 확률로 갈비가 나올 것이다. 갑이 다시 고기 메뉴를 접어놓고 식사 메뉴를 펼쳐서 누룽지를 얻었다면, 갑과 을의 고기 메뉴는 다시 중첩 상태에 놓이게 된다. 따라서 이때는 을이 고기 메뉴를 펼칠 때 각각 50퍼센트의 확률로 삼겹살과 갈비가 나오게 된다. 어느 경우든 을은 갑에게서 연락을 받기 전까지는 자신의 상태가 이미 결정되었는지 여전히 중첩 상태에 있는지 알 길이 없다.

대략 20세기까지는 중첩과 얽힘이라는 양자역학의 놀라운 성질을 실험실 단위에서 확인하는 작업이 진행되었다면 21세기에는 이를 활용한 기술이 개발되는 단계로 진입하고 있다(레이저나 MRI처럼 양자현상을 활용한 일부기술은 이미 널리 사용되고 있다). 가령 중첩과 관측에 의한 붕괴라는 성질을 활용하면 통신의 보안성을 높일 수 있다. 갑과 을이 중첩 상태로 정보를 교환한다면 중간에 누가 해킹을 감행했을 때 중첩 상태가 깨지기 때문에 해킹 여부를 쉽게 알 수 있는 것이다. 차일링거는 중국 연구진과 함께 인공위성을 활용한 실험에서 양자키분배방식으로 대륙 간 통신에 성공하기도 했다. 또한 얽힘을 활용하면 양자 상태를 멀리까지 효율적으로 전송할 수도 있다.

중첩과 얽힘을 활용하면 새로운 형태의 컴퓨터, 이름하여 양자컴퓨터도 만들 수 있다. 보통의 컴퓨터가 정보를 처리하는 기본단위는 비트로서, 회로의 연결 여부에 따라 0 또는 1을 표현할 수 있다. 양자컴퓨터에서는 0 또는 1이 아니라 0과 1이 중첩된 단위, 즉 큐비트qubit를 활용한다. 0과 1의 중첩상태를 활용하면 이와 연동된 연산을 한꺼번에 처리할 수 있다. 이런 큐비트가 여덟 개 연결돼 있으면 2^8 즉 256개의 상태를 동시에 처리하게 되는 것이다. 특정 알고리즘에서는 실제로 양자컴퓨터가 기존 컴퓨터보다 기하급수적인 효율을 보일 수도 있다. 2019년 세계적인 IT기업 구글은 쉰세 개의 큐비트를 이용한 양자컴퓨터 시커모어를 선보였다.

이 밖에도 양자얽힘을 이용해 스텔스 전투기를 감지하는 양자레이더를 개발하는 등 21세기는 훗날 양자기술이 본격적으로 개발되고 상용화되는 시기로 기록될 것이다.

가장 작은 입자에서
가장 큰 우주까지

"나는 신의 생각을 알고 싶습니다. 나머지는 세부 사항일 뿐입니다."_아인슈타인

9.
우주의 기본 단위를 다루는
입자물리학

세상이 무엇으로 만들어졌을까 하는 질문에 탈레스는 물로 답했고, 후대의 엠페도클레스는 거기에다 흙, 공기, 불을 더해 4원소설을 제기했다. 아리스토텔레스는 에테르라 불리는 제5원소가 천상계를 가득 채우고 있다고 생각했다. 그리고 데모크리토스와 레우키포스는 고대 원자론을 처음으로 제기했다. 이들의 원자 개념은 현대의 원자와 다소 다르긴 하지만 원자론의 원조임을 부인하긴 어렵다.

원자 〉 양성자·중성자 〉 쿼크

고대 원자론이 다시 부활하기까지는 무려 2,200여 년이 걸렸다. 19세기가 막 시작됐을 무렵 영국의 돌턴은 화학 현상을 설명하기 위해 원자론을 도입했다. 19세기 중엽에는 그때까지 알려진 수십 종류의 원자, 즉 원소들 사이의 규칙성을 간파해 주기율표가 처음 작성되었다.

원자는 세상 만물을 구성하는 가장 근본적인 단위 중 하나임에 틀림없다. 이는 지금도 사실이다. 20세기 위대한 물리학자인 미국의 리처드 파인만은, 만약 모든 과학 지식이 파괴돼 후손에게 딱 한 문장으로 현재의 지식을 전수한다면 가장 가성비 높은 문장은 원자론일 거라 말한 바 있다.

애초에 '원자atom'라는 말은 더 이상 쪼개지지 않는다는 뜻을 내포하고 있지만 19세기가 끝날 무렵엔 원자가 쪼개질 수 있음을 알게 되었다. 원자는 기본적으로 음의 전기를 띤 전자와 양의 전기를 띤 원자핵으로 구성돼 있다. 원자핵은 말 그대로 원자 한가운데에서 원자 질량의 대부분을 차지하고 있다. 이러한 원자핵은 다시 양의 전기를 띠는 양성자와 전기적으로 중성인 중성자로 나뉜다.

원자의 종류, 즉 원소의 정체성은 양성자의 개수로 정해진다. 주기율표의 원자번호가 곧 양성자의 개수다. 원자 전체는 전기적으로 중성이기 때문에 양성자의 개수와 전자의 개수는 같다. 전자의 개수에 변화가 생겨 이 균형이 깨지

면 원자는 전기적으로 양성이거나 음성인 상태, 즉 이온ion

이 된다. 또한 양성자와 중성자를 합쳐서 흔히 핵자nucleon

라고 부르며, 양성자와 중성자의 질량은 거의 같다. 다만 양

성자의 개수는 원자번호에 그대로 드러나 있으나 중성자의

개수는 그렇지 않다. 그래서 별도로 양성자와 중성자를 합

친 핵자의 개수를 표기하기도 하는데 이를 질량수라고 한

다. 예컨대 보통의 수소(H)에는 양성자 하나가 단독으로 원

자핵을 구성하지만 중수소(H2)에는 양성자와 중성자가 원

자핵을 이루고 있고, 삼중수소(H3)의 원자핵에는 양성자 하

나와 중성자가 둘 있다. 우라늄(U)의 원자번호는 92번으로

양성자가 92개 있다. 자연에 존재하는 대부분의 우라늄은

U238로서 중성자가 146개 들어 있다(92+146=238). 핵무기

의 원료로 쓰이는 U235에는 이보다 중성자가 세 개 적다.

양성자 개수는 같으나 중성자 개수가 다른 원소, 즉 원소로

서의 정체성은 같으나 원자의 질량이 다른 원소를 동위원

소라 한다.

한동안은 전자와 핵자가 더 이상 쪼개지지 않는 자연의

기본단위라고 생각했다. 1960년대를 거치며 양성자나 중성

자 같은 입자보다 더 근본적인 단위인 쿼크quark 개념이 제

시되었고 이후 실험적으로 확증되었다. 2022년 현재까지 쿼크와 전자는 이 우주를 구성하는 가장 기본적인 단위로서 그 이하의 하부구조는 없는 것으로 알려져 있다. '세상은 무엇으로 만들어져 있을까'라는 질문에 대한 20세기 이후 과학자들의 답변은 바로 쿼크와 전자인 셈이다.

쿼크에는 u (up), d (down), c (charm), s (strange), t (top), b (bottom)의 여섯 종류가 있다. 쿼크 셋이 모여 만들어진 입자를 중입자baryon, 쿼크 둘이 모여 만들어진 입자를 중간자meson라고 하며 이들을 통칭해 강입자hadron라 부른다. 양성자는 uud의 조합으로, 중성자는 udd의 조합으로 이루어져 있다. 이렇게 세 입자가 모여 전기적으로 +1인 하나의 양성자를 구성하려면 각 쿼크의 전기전하는 분수 값을 가져야 한다. u는 $+\frac{2}{3}$의 전기전하를 갖고 d는 $-\frac{1}{3}$의 전기전하를 가지면 uud는 +1의 값을, udd는 0의 값을 갖게 된다.

한데 쿼크에는 남다른 비밀이 있다. 그 덕분에 쿼크는 양성자나 중성자 같은 핵자를 구성할 수 있는 것이다. 사실 중학생 정도의 지식만 있으면 원자핵이 얼마나 신비로운 물건인지 쉽게 깨달을 수 있다. 주기율표 1번 수소 원자를 제외하면 2번 헬륨부터는 모든 원소가 둘 이상의 양성자를 갖고 있다. 양성자는 모두 양의 전기를 띤다. 그렇다면 원자핵 속에 있는 복수의 양성자들은 전기적인 반발력으로 서로 밀어내야 하는데 어떻게 안정된 원자핵을 구성할 수 있을까?

여기에 답을 준 사람이 일본의 물리학자인 유카와 히데키였다. 유카와는 원자핵 속에서 양성자와 중성자를 막론하고 이들 핵자가 중간자라는 입자를 서로 주고받으면서 강력한 힘을 발휘해 전기적인 반발력을 극복하고 원자핵으로 묶여 있다고 주장했다. 이후 파이온pion이라는 중간자가 실제 발견되었고 유카와는 일본인 최초로 노벨상(물리학상)을 수상했다. 이처럼 원자핵을 강력하게 묶어두는 핵자들 사이의 힘을 강한 핵력, 또는 강력, 강한 상호작용이라 부른다.

유카와 시절에는 아직 쿼크의 개념이 등장하기 전이라 핵자들이 기본입자로 여겨졌었다. 쿼크가 등장하고 나서는 강력의 실체가 쿼크라는 기본입자들 사이에서 작용하는 힘으로 이해하게 되었다. 이때 강력을 매개하는 입자가 접착자(글루온gluon)라는 새로운 입자다. 그러니까 쿼크들은 접착자를 주고받으면서 서로 강력을 느낀다. 강력 때문에 쿼크들이 뭉쳐 핵자나 중간자를 만드는 것이다. 또한 현상적으로 핵자들이 중간자를 주고받는 과정 또한 쿼크 수준에서의 강력으로 설명할 수 있다. 한마디로 쿼크는 강력을 느끼는 페르미온이라 할 수 있다. 강력을 느끼지 못하는 페르미온은 경입자lepton라 부르는데 전자와 중성미자가 대표적인 경입자다.

쿼크가 강력을 느끼는 이유는 강력의 근원에 해당하는 색전하color charge가 있기 때문이다. 색전하는 전기전하와 비슷하지만 전혀 다른 새로운 종류의 전하다. 강력이라는 힘을 매개하는 접착자도 색전하를 띠고 있다. 이는 전자기력을 매개하는 빛(광자)이 전기적으로 중성인 것과 비교된다. 또한 강력은 가까운 거리나 높은 에너지에서 약해지고, 먼 거리 또는 낮은 에너지에서 강력해지는 특성이 있다(점근적 자유). 이 성질 때문에 중입자들 속에 있는 개별 쿼크는 하나씩 끄집어낼 수가 없다.

빛의 존재 이유를 밝히다

쿼크는 강한 핵력뿐만 아니라 약한 핵력도 느낀다. 약한 핵력은 약력 또는 약한 상호작용으로도 불리는데, 한마디로 말해서 입자의 정체성을 바꿀 수 있는 도깨비 같은 힘이다. 약력이 작용하는 대표적인 현상이 원소의 방사성 붕괴다.

가장 간단한 예를 들자면 원자핵 속에 속박되지 않은 중성자는 불안정해 그 수명이 15분 정도밖에 되지 않는다. 중성자는 붕괴하면서 양성자로 바뀌며 전자와 중성미자neutrino라는 입자를 방출한다. 이 과정을 쿼크 수준에서 설명하자면, 중성자를 구성하는 d 쿼크 중 하나가 u 쿼크로 바뀌면서 약력을 매개하는 입자 W를 방출하고, 다시 W가 전자와 중성미자로 붕괴하는 과정을 겪는다. 즉 u 쿼크와 d 쿼크는 약력을 매개하는 W 입자와의 상호작용으로 서로 뒤바뀔 수 있고 전자와 중성미자 또한 마찬가지다.

u와 d, 또는 전자와 중성미자가 W를 매개로 서로 바뀌는 현상을 보다 쉽게 기술하는 방법은 u와 d가 (또는 전자와 중성미자가) 각각 같은 동전의 앞면과 뒷면과도 같다고 여기는 것이다. 즉 u와 d가 하나의 두 겹doublet 상태를 이루고 전자와 중성미자도 하나의 두 겹 상태를 이뤄 W 입자와 상호작용하면서 앞면과 뒷면이 바뀐다는 식으로 이해할 수 있다. 그러나 동전의 앞면과 뒷면이 서로 바뀐다고 해서 동전 자체가 변하는 것은 아니다. 이와 관련된 수학적 대칭성을 '게이지 대칭성'이라 부른다. 비유적으로 말해 동전이 앞면이든 뒷면이든, 심지어 앞면도 뒷면도 아닌 임의의 애매한 각

도든(게이지 변환) 상관없이 동전을 기술하는 물리법칙은 변함이 없으리라 기대할 수 있다. 다만 게이지 대칭성을 유지하려면 임의의 게이지 변환에 따른 변화를 자동적으로 상쇄시켜주는 기제가 있어야 하는데, 이것이 게이지 입자 또는 게이지 보손gauge boson이라고 부르는 것이다. 게이지 보손은 게이지 대칭성을 유지해주는 입자로서, 게이지 대칭성을 요구한다면 반드시 존재해야만 하는 입자다. 즉 게이지 대칭성은 게이지 보손의 존재를 필요로 한다. 또한 게이지 보손은 게이지 변환과 관련된 힘을 매개하는 역할을 한다.

이게 뭐 그리 대단할까 싶지만, 따지고 보면 그렇지 않다. 게이지 입자의 대표적인 예가 광자다. 광자 즉 빛은 전자기력을 매개하는 입자다. 그런데 빛이 게이지 입자라면, 이 점은 빛의 존재 자체에 심오한 의미를 던져준다. 빛이라는 것은 이 우주에 왜 있을까? 앞서 말했듯 이 질문에 대한 가장 오래된 문헌상의 답변 중 하나가 성경이다. "태초에 빛이 있으라 하심에 빛이 있었고"로 시작하는 창세기는 빛이란 왜 존재하는가에 대한 인류의 가장 오랜 답변 중 하나다. 물론 이건 종교적인 절대자의 명령으로 그 답을 대신하는 것이고, 현대 과학자들의 답변은 사뭇 다르다. 이 우주에는 게이지 대칭성이라는 성질이 있다. 자연을 구성하는 기본입자들의 특정한 쌍들 사이에 추상적인 어떤 변환을 하더라도 이들 입자를 기술하는 방정식은 변하지 말아야 한다는 대칭성 말이다. 이 대칭성이 작동하려면 빛이라는 입자가 반드시 있어야 한다!

1960년대를 거치면서 과학자들은 u와 d, 그리고 중성미자와 전자의 각 쌍에 대한 게이지 대칭성이 세 개의 게이지 보손을 가져야 함을 알게 되었다. 그중 하나는 전통적인 광자였고 나머지 둘은 약한 핵력과 관련된 입자들이었다. 이들 새로운 게이지 보손 가운데 전기가 있는 입자를 W(따라서 W에는 W+와 W−가 있을 수 있다), 전기가 없는 입자를 Z라 한다. 여기서 W는 '약한weak'을 뜻한다. 그러니까 전기가 있는 W 입자는 입자의 종류를 바꾸는 약력을 매개하고 전기적으로 중성인 Z 입자는 입자의 종류를 바꾸지 않는 약력을 매개한다. 이처럼 한 쌍의 쿼크 및 한 쌍의 경입자와 관련된 다소 복잡한 게이지 대칭성이 수반하는 게이지 보손이 전자기력과 약력을 매개하는 입자들이므로, 전자기력과 약력이 하나의 게이지 이론으로 통합되었다고 볼 수 있다. 이를 약전기 이론electroweak theory이라고 한다. 파키스탄의 압두스 살람, 미국의 셸던 글래쇼와 스티븐 와인버그, 그리고 한국 출신의 이휘소(벤저민 리)가 여기에 크게 기여해 이휘소를 제외한 세 사람은 1979년 노벨 물리학상을 수상했다. 수상 이유는 "기본 입자들 사이의 약한 상호작용 및 전자기 상호작용을 통합한 이론에 기여한 공로, 특히 약한 중성류를 예측한 공로"였다. 이휘소는 1977년 자동차 사고로 사망했다.

약한 중성류는 Z 입자를 매개하는 입자들 사이의 상호작용이다. 중성류는 1973년에야 실험적으로 검증되었다. 자연 현상을 설명하기 위해 하나의 통합된 이론을 만들고, 그 이론으로 예측한 새로운 현상을 실험적으로 검증했던 것이다. 이런 맥락을 살펴본다면 중성류의 발견이 1979년의 노벨상으로 이어지는 것은 당연한 귀결이었다. W와 Z 입자를 직접 검출한 것은 1983년이었다.

1970년대에 게이지 이론의 일환으로 강력 또한 이해할 수 있게 되었다. 강력의 게이지 대칭성은 쿼크가 갖고 있는 강력의 근원인 색전하에 대한 게이지 변환에 대한 대칭성이며 이에 수반되는 게이지 보손이 바로 접착자다. 이로써 자연의 가장 기본적인 힘들 가운데 전자기력과 약력, 강력이 게이지 이론으로 설명 가능하게 되었다.

힉스 입자와 표준모형

이처럼 강력과 약력, 전자기력에 대한 게이지 이론으로 자연을 설명하는 틀을 입자물리학의 표준모형이라고 한다. 표준모형에는 강력을 느끼는 페르미온인 쿼크가 여섯 종류 있고, 강력을 느끼지 못하는 페르미온인 경입자가 여섯 종류 있다. 전자와 그 짝인 (전자형) 중성미자말고도 전자의 형제뻘 되는 뮤온muon과 타우온tauon이 있으며 각각의 약력 파트너인 뮤온형 중성미자와 타우온형 중성미자가 또 존재한다. 뮤온과 타우온은 전자와 모든 성질이 비슷하지만 질량만 달라서 전자보다 훨씬 무겁다. 쿼크와 경입자는 모두 약력과 전자기력을 느낀다. 이들 힘을 매개하는 입자는 각각 W/Z와 광자다. 쿼크는 경입자가 느끼지 못하는 강력을 느끼는데 이를 매개하는 입자는 질량이 없는 접착자다.

여기서 한 가지 문제가 있다. 게이지 대칭성에 따르면 이들 입자는 모두 질량을 가질 수가 없다. 대칭성이란 곧 구분할 수 없는 성질을 뜻하는데, 질량은 입자를 구분할 수 있는 가장 중요한 성질 중 하나이기 때문이다. 그런데 이들 입자 상당수가 질량을 갖고 있으므로 게이지 대칭성이 자연의 현실에서는 깨어져 있는 셈이다. 이처럼 게이지 대칭성이

깨지면서 입자들이 질량을 갖는 과정을 힉스 메커니즘Higgs mechanism이라고 한다. 힉스 메커니즘이 작동하려면 힉스 입자라는 새로운 입자가 존재해야 한다. 요약하자면 표준모형에는 여섯 개의 쿼크와 여섯 개의 경입자, 네 개의 힘을 매개하는 입자(광자, W, Z, 접착자), 그리고 힉스 입자 이렇게 열일곱 개의 입자가 있어야 한다. 이들 중 힉스 입자를 제외한 모든 입자는 20세기에 발견되었다. 힉스 입자는 2012년 유럽 입자물리학연구소CERN의 새로운 입자가속기인 대형강입자충돌기에서 극적으로 발견되었다. 힉스 메커니즘에 기여한 영국의 피터 힉스와 벨기에의 프랑수아 앙글레르는 이듬해 그 공로로 노벨 물리학상을 공동 수상했다. 세상은 무엇으로 만들어졌는가에 대한 20세기와 21세기 과학자의 답은 표준모형의 열일곱 개 입자라 할 수 있다. 탈레스의 물이나 엠페도클레스의 4원소에 비해 그 수가 크게 늘어났지만 표준모형은 지금까지 가장 성공적인 과학이론으로 자리잡고 있다.

힉스 입자의 발견은 실험적으로 표준모형을 완성했다는 의미에서 그 과학적 의의가 대단히 크다. 21세기가 끝나려면 아직 80년 가까운 세월이 흘러야 하고 그 오랜 시간 동안 엄청나게 중요한 과학적 발견이 많이 일어나겠지만, 앞으로 그 어떤 놀라운 발견이 있다 하더라도 힉스 입자의 발견은 21세기 전체를 통틀어 랭킹 5위 안에 들어가는 위대한 발견으로 기록되리라 나는 확신한다.

그러나 표준모형은 말 그대로 '모형model'일 뿐이다. 넓은 의미에서는 모형도 하나의 과학 이론이지만 모형은 임의적인 요소를 많이 갖고 있으며 대개 상향식bottom-up으로 구성된다. 반면 좁은 의미의 이론은 대개 한두 개의 기본 원리로부터 하향식top-down으로 전개된다. 예컨대 표준모형에서는 쿼크와 경입자가 '그냥 원래' 있는 상태에서 이들 사이의 상호작용을 기술하도록 고안된 이론적 틀이다. 그래서 표준모형에는 임의적인 요소가 많다. 표준모형을 정확하게 세팅하기 위해서는 우리가 스무 개 안팎의 모수를 실험적으로 정해줘야 한다. 표준모형이 그 놀라운 성공에도 불구하고 보다 완벽한 이론을 추구하는 과학자들의 욕망을 완전히 충족시키지는 못하는 이유가 여기에 있다.

게다가 표준모형에는 이론 내적으로 잘 설명되지 않는 부자연스러운 면이 있다. 양자역학에서는 입자들이 순간적으로 가상의 입자를 주고받는 과정을 통해 그 질량이나 전하량 등이 영향을 받는다. 힉스 입자의 경우 이런 양자 보정 과정을 거치면 그 질량이 걷잡을 수 없이 커지게 된다. 실제 검출된 힉스 입자의 질량은 양성자 질량의 약 125배 정도라서, 표준모형이 양자 보정을 통해 이 값을 맞추려면 그 내적으로 엄청난 수준의 미세조정을 해야만 한다.

또 한 가지, 표준모형에는 중력이 포함돼 있지 않다. 표준모형은 말하자면 자연의 기본입자들에 대한 양자역학적인 장론field theory, 곧 양자장론Quantum Field Theory이다. 그러나 중력은 아직까지도 양자역학적으로 기술되지 못하는 영역으로 남아 있다. 중력을 양자역학적으로 기술하는 이론은 양자중력이론이라 하는데, 끈이론string theory이나 고리양자중력loop quantum gravity 등 지금까지 몇몇 유력한 후보가 있긴 하나 모두가 만족할 만한 결과를 내지 못한 것이 사실이다. 중력을 기술하는 가장 성공적인 현대 이론은 아인슈타인의 일반상대성이론이다. 따라서 양자중력이론은 일반상대성이론과 양자역학을 어떻게 통합하느냐의 문제이기도 하다. 이 과업은 21세기에도 여전히 중요한 과제다.

표준모형은 아무리 성공적이라 해도 여전히 빈 구멍이 많다. 특히 이 우주에는 상당히 많은 암흑물질이 존재하는 것으로 확인되고 있다. 그러나 암흑물질의 정체는 여전히 오리무중이다. 표준모형 속 열일곱 개의 입자는 모두 암흑물질 후보에서 제외되었다. 이는 표준모형이 포괄하지 못하는 새로운 입자 및 그를 둘러싼 새로운 물리학이 이 우주에 반드시 존재해야 함을 강력히 시사한다. 따라서 암흑물질의 정체를 밝히는 작업은 오늘날 물리학이 시급히 해결해야 할 과제라 할 수 있다.

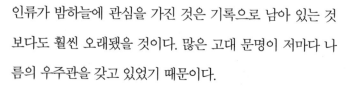

10.
우주 출생의
비밀

인류가 밤하늘에 관심을 가진 것은 기록으로 남아 있는 것보다도 훨씬 오래됐을 것이다. 많은 고대 문명이 저마다 나름의 우주관을 갖고 있었기 때문이다.

고대 인도인들은 여섯 마리의 코끼리가 지구를 떠받치고 있고 코끼리는 다시 거대한 거북이 떠받치고 있고 거북은 똬리를 튼 뱀 위에 올라가 있다고 생각했다. 여기서 뱀은 커다란 원을 그리며 입으로 자신의 꼬리를 물고 스스로를 떠받치고 있다. 고대 바빌로니아인들의 우주에서는 하늘과 땅, 물이 구분돼 있고 하늘과 땅은 다시 각각 세 개의 층으로 나뉘어 있었다. 이들의 우주에서는 하늘 바깥이 물로 가득 차 있어 마치 우주가 물속에서 탄생한 생명의 보금자리

같았다. 현대적인 관점에서는 다소 황당해 보일 수도 있지만 스티븐 호킹은 일찍이 《시간의 역사》에서 "우리가 그보다 잘 알고 있다고 생각할 수 있는 근거는 과연 무엇인가?"라고 되물었다. 호킹의 말마따나 지금 우리가 우주에 대해 말하고 있는 것 가운데 몇몇은 훗날 '지구 아래 코끼리 아래 거북 아래 뱀'처럼 허황된 것으로 드러날지도 모른다.

영원불멸하는 우주와 아인슈타인의 우주상수

밤하늘 천체의 움직임은 코페르니쿠스에서 시작된 천문학 혁명을 거쳐 과학혁명을 촉발했다. 과학의 역사란 간단히 말해 천상의 비밀을 밝혀온 역사라 해도 크게 틀린 말은 아니다. 놀랍게도 우주 자체를 과학 이론으로 직접 연구하기 시작한 것은 과학의 역사에서도 극히 최근의 일이다. 그 출발은 1917년의 아인슈타인이었다. 아인슈타인은 1915년 자신의 새로운 중력이론인 일반상대성이론을 완성한 뒤 이를 우주 전체에 적용했다. 이것이 본격적인 과학 이론으로서의 우주론의 시작이라 할 수 있다. 그러나 아인슈타인의 우주론은 자연의 현실을 기술했다기보다 자신의 신념을 방정식으로 설명한 것에 가까웠다.

아인슈타인은 우주가 영원불멸하다고 생각했다. 이런 우주는 나이가 무한대이고 시간에 따른 변화가 전혀 없이 정적이다. 그러나 아인슈타인 자신이 만든 중력이론인 일반상대성이론에 따르면 질량이나 에너지가 있으면 주변의 시공간이 그에 따라 휘어진다. 1910년대는 아직 우주에 수많은 은하가 존재한다는 사실을 알지 못하던 시절이었다. 그럼에도 밤하늘에 수많은 별이 있고 중력 작용을 하는 뭔가가 분명히 있다. 그 결과 우주 전체의 시공간은 아인슈타인 자신이 발견한 중력장 방정식에 따라 다이내믹하게 변할 수밖에 없다. 그 결과가 마음에 들지 않았던 아인슈타인은 영원불멸의 우주를 만들기 위해 '임의로' 자신의 중력장 방정식에 새로운 항을 하나 추가했으니, 이 항을 우주상수라고 한다.

우주상수는 질량을 가진 천체들의 중력 작용에 반대되는, 말하자면 반중력의 효과를 내는 역할을 한다. 그 결과 중력 작용과 균형을 맞춰 영원불멸의 우주를 만들 수 있다. 그러나 과학 이론은 한번 발표되면 더 이상 한 사람만의 이론이 아니다. 1920년대에 들어서면서 러시아의 알렉산드르 프리드만과 벨기에의 조르주 르메트르는 각각 독립적으로 약간의 시차를 두고 일반상대성이론을 우주에 적용해 다이내믹하게 진화하는 풀이를 얻었다(이들은 모두 아인슈타인에게 자신들의 결과를 알려줬으나 아인슈타인은 이를 받아들이지 않고 오히려 핀잔만 주었다). 특히 르메트르는 지금 우주가 팽창하고 있으며 아주 먼 과거에는 우주의 모든 것이 원시원자라 부르는 것에서부터 시작되었다고 주장했으니 이것이 빅뱅 우주론의 시초라 할 만하다.

팽창하는 우주와 허블상수

팽창하는 우주를 관측으로 확인한 주인공은 1929년 미국의 천문학자 에드윈 허블이었다. 허블은 미국 로스앤젤레스의 윌슨산 천문대에서 당시 세계 최대 규모였던 100인치 반사경의 후커망원경으로 외계 은하들의 움직임을 조사한 결과를 발표했다. 그에 따르면 멀리 있는 은하일수록 그 거리에 정비례해서 은하들이 더 빨리 멀어진다. 이를 허블-르메트르 법칙이라고 한다. 르메트르는 허블의 관측이 있기 전에 이미 같은 내용을 이론적으로 예측한 바 있었다.

외계은하가 모두 지구에서 멀어진다는 사실은 허블 이전에도 어느 정도 알려져 있었다. 베스토 슬라이퍼는 은하에서 나오는 빛의 스펙트럼을 조사해 그 파장의 변화로부터 은하가 움직이는 양상을 추적할 수 있었다. 그 결과 모든 은하의 스펙트럼이 긴 파장 쪽으로 치우쳐 있었다(적색편이). 이는 전통적인 도플러 효과로 해석했을 때 은하들이 모두 지구에서 멀어짐을 뜻하는 것이었다. 이후 허블은 그렇게 은하들이 멀어지는 양상을 보다 구체적으로 정량화했던 것이다.

은하의 멀어지는 속력, 즉 후퇴속력이 거리에 정비례한다는 것이 물리적으로는 어떤 의미일까? 상황을 1차원으로 아주 단순화해 생각해보자.

우주적인 규모에서는 은하를 하나의 점으로 생각할 수 있다. 우리의 은하수 은하 A가 원점에 정지해 있다고 하자. 은하 B는 이 1차원 우주에서 양(+)의 방향으로 d만큼 떨어져 있다. 은하 C 또한 양의 방향에 있는데, 그 거리는 B보다 두 배인 2d이다. 한편 은하 Z는 음(-)의 방향으로 d만큼 떨어져 있다. 허블의 관측에 따르면 우리 은하 A에서 관측했을 때 은하 A는 정지해 있고 다른 모든 은하가 거리에 비례하는 속력으로 멀어지고 있다. 따라서 은하 B가 양의 방향으로 멀어지는 속력을 +v라 하면 C가 멀어지는 속력은 +2v가 된다. 반면 은하 Z는 이들과 반대방향에 있으므로 −v의 속도로 멀어질 것이다. Z의 거리가 d로서 B의 거리와 같으므로 Z가 멀어지는 속도의 크기는 v와 같고 그 방향만 반대이다. 정리하자면 은하 B, C, Z는 각각 $+v$, $+2v$, $-v$의 속도로 지구(은하 A)에서 멀어지고 있는 셈이다.

이 상황을 은하 B에서 관측하면 어떻게 될까? 여기에 답하려면 우리가 은하 B와 같은 속도로 날아가는 좌표계를 생각하면 된다. 그 결과 은하 A는 $-v$로 멀어지며 은하 C는 $+v$로 멀어질 것이다. 한편 은하 Z는 은하 B의 좌표계에서 $-2v$로 멀어진다. 이것은 물리적으로 무슨 의미일까? 은하 B에서 관측하더라도 다른 은하들이 거리에 정비례하는 속력으로 멀어진다는 뜻이다. 만약 은하 B에 지능이 높은 외계인이 살고 있다면 우리 인간과 똑같이 허블-르메트르의 법칙을 발견하게 될 것이다(또는 이미 발견했을지도 모른다!). 만약 은하들이 멀어지는 속력이 거리의 제곱에 비례한다면 은하 B, C, Z는 각각 $+v$, $+4v$, $-v$의 속도로 멀어질 것인데, 이는 은하 B가 관측한 결과와 같지 않게 된다. 은하들의 후퇴속력이 거리에 대해 훨씬 더 복잡한 함수로 멀어진다면 그 또한 다른 은하들에서 그 함수로 멀어지는 양상이 재현되지는 않을 것이다. 그러니까, 은하들의 후퇴속력이 그 거리에 정비례한다는 허블-르메트르의 법칙은 우리 우주의 대단히 특별한 성질로서, 그 덕분에 모든 은하가 똑같은 법칙을 발견하게 될 것이다. 이 논리는 3차원으로 확장하더라도 근본적으로 달라지지 않는다.

이처럼 모든 은하가 허블-르메트르의 법칙에 따라 거리에 정비례하는 속력으로 특별하게 멀어지는 것은 우주의 공간 자체가 팽창하기 때문으로 쉽게 해석할 수 있다. 공간이 팽창한다는 것은 공간상 임의의 두 점 사이 거리가 멀어진다는 뜻이다. 공간이 팽창하는 것은 풍선을 불었을 때 풍선의 표면이 커지는 것과 비슷하다. 풍선 표면에 조그만 점들을 찍어놓고 풍선을 불면 풍선 표면 위 임의의 두 점 사이 거리는 점점 멀어진다. 이때 어느 한 점을 기준으로 삼아 주변의 점들을 바라보면 각 점들은 기준점으로부터 멀수록 더 빨리 멀어진다. 풍선에 바람을 불면 팽창하는 것은 그 2차원 표면이지만 우주의 공간은 3차원적으로 팽창한다.

우주가 팽창하는 정도는 정량적인 숫자로 나타낼 수 있다. 이를 허블상수라 한다. 우주가 팽창하는 정도는 지구로부터의 거리에 따라 달라지므로 얼마나 먼 거리에서 얼마나 빨리 멀어지는지를 정해줘야 한다. 그 정도는 1메가파섹

(1Mpc=326만 광년)의 거리에서 초속 약 70킬로미터 정도다. 이를 식으로 표현하자면 다음과 같이 쓸 수 있다.

$$H_0 = 70(\text{km/sec})/\text{Mpc}$$

이 값은 측정 방식에 따라 조금씩 차이가 나지만(아직 이 차이가 줄어들지 않아 과학자들을 계속 괴롭히고 있다.) 대략 초속 70킬로미터 안팎의 범위에 있다. 여기서 0이라는 아래첨자는 이 값이 현재의 팽창 정도를 나타냄을 뜻한다. 허블상수는 은하의 후퇴속력이 그 거리에 정비례한다는 허블-르메트르 법칙에서 비례상수에 해당하는 값이다. 따라서 가로축에 은하들의 거리, 세로축에 은하들이 멀어지는 속력으로 각 은하들을 그래프로 나타내면 은하들이 하나의 직선 위에 놓이게 되는데(허블-르메트르 법칙), 이 직선의 기울기가 곧 허블상수다.

팽창하는 우주는 우주의 역사와 기원에 특별한 메시지를 던진다. 팽창하는 우주의 모습을 촬영해 거꾸로 재생하면 멀어지던 은하는 다시 한곳으로 모일 것이고, 그 상황을 좀 더 극한으로 밀고 나간다면 우주에는 태초라는 순간이 있었을 것이며 그때는 우주의 모든 것이 극히 좁은 시공간 영역에 갇혀 있었을 것이다. 이것이 빅뱅이다.

영원불멸의 우주론과 비교했을 때 빅뱅우주론은 우주가 탄생과 진화의 과정을 겪는다는 점에서 근본적으로 다르다. 당장 빅뱅우주론에서는 우주의 나이를 묻지 않을 수 없다. 시간이나 공간 또한 이 우주와 함께 탄생했을 것이므로 우리는 '시간의 역사'를 재구성하는 문제와도 직면하게 된다. 우주의 대략적인 나이는 쉽게 추정할 수 있다. 지금 우주가 시간당 팽창하는 비율의 역수를 취하면 우주가 똑같은 팽창 비율로 지금의 크기에 이르기까지 걸린 시간이 나온다. 이 시간을 허블시간이라 하며 허블시간은 허블상수의 역수로 주어진다. 정확한 우주의 나이는 시시각각 팽창 비율이 변하는 양상을 모두 고려해야 하는데(수학적으로는 적분에 해당한다), 지금 알려진 우주의 나이는 약 138억 년이다.

빅뱅우주론의 증거

팽창하는 우주는 빅뱅우주론의 가장 중요한 증거 가운데 하나다. 그리고 또 다른 유력한 증거는 가벼운 원소들의 핵이 합성되는 과정이다. 이 우주에는 100개가 훨씬 넘는 원소가 존재한다. 주기율표를 가득 채우고 있는 이들 원소들은 대체 어디서 왔을까? 이는 과학자들의 오랜 질문이며 아직도 답을 찾고 있는 문제다. 앞서 소개했듯 19세기에 개발된 분광기술 덕분에 과학자들은 태양의 코로나로부터 지구에는 별로 없는 새로운 원소가 태양에 많이 있음을 알게 됐다. 그 원소에는 태양의 원소라는 뜻에서 '헬륨'이라는 이름이 붙었다. 헬륨은 원자번호 2번 원소로서 수소 다음으로 가벼운 원소다. 이후 20세기 초 한스 베테 등의 노력으로 헬륨은 별이 내부에서 핵융합 과정을 통해 생성됨을 알게 되었고 이 과정에서 방출되는 에너지가 별이 빛나게 한다는 사실도 규명되었다.

그러나 우주에는 생각보다 헬륨이 많이 분포해 있다. 별에서 융합하는 양만으로는 우주에 산재한 헬륨의 양을 설명할 수 없었다. 그렇다면 그 많은 헬륨은 어디서 왔을까? 여기에 답을 준 것이 1948년 랠프 앨퍼, 한스 베테, 조지 가모프의 논문이었다. 저자들의 머리글자를 따 흔히 '알파 베타 감마' 논문이라 부르는 이 논문에서는 빅뱅 직후 우주의 초기조건 속에서 수소와 헬륨이 생성되는 과정을 제시했다. 즉 빅뱅 우주론에서는 우주 초기에 모든 것이 아주 좁은 영역에 높은 밀도와 온도로 존재했다가 우주가 팽창하며 온도가 떨어지면서 적당한 시점에 양성자와 중성자들이 핵반응을 할 수 있는 조건이 충족되었을 것이다. 이처럼 빅뱅 초기에 핵자들이 핵반응을 통해 가벼운 원소들의 원자핵이 만들어지는 과정을 빅뱅 핵합성이라고 한다. 빅뱅 핵합성은 빅뱅 직후 10초에서 20분 정도 사이에 일어났다. 빅뱅 핵합성이 인상적인 이유는 광자에 대한 중입자의 비율이 일단 정해지면 헬륨과 리튬, 중수소 등의 가벼운 원소들의 존재 비율이 하나의 세트로 정해지는데 그 결과가 실제 관측 사실과 너무나 잘 맞기 때문이다. 빅뱅 직후의 조건에서 핵반응을 통해 가벼운 원소들이 얼마나 생성됐는지를 정확하게 예측할 수 있다면 정말로 우리 우주가 빅뱅에서 시작됐다고 믿지 않을 수 없을 것이다. 리튬보다 무거운 원소들은 주로 별 안에서 만들어진다.

　빅뱅의 세 번째 중요한 증거로는 우주배경복사를 꼽을 수 있다. 우주배경복사란 빅뱅 직후 플라즈마 상태에 갇혀 있다가 빠져나온 빛이다. 빅뱅 핵합성으로 가벼운 원소들의 핵이 만들어졌다 하더라도 거기에 전자가 결합해 전기적으로 중성인 원소가 곧바로 형성되는 것은 아니다. 빅뱅 직후

20분 정도 지나 가벼운 원소의 핵들이 만들어졌을 때에도 우주는 충분히 뜨거워서 전기를 띤 입자들이 전자기적 인력으로 결합되지 못하고 뒤죽박죽으로 뒤섞여 있는 상태인 플라즈마 상태에 머물게 된다. 이처럼 전기를 띤 입자들이 뒤죽박죽으로 섞여 있으면 그 입자들 사이에서 전자기력을 매개하는 광자, 즉 빛은 그 안에 갇혀 이리저리 튕겨 다니면서 밖으로 빠져나가지 못하게 된다. 이런 상황은 빅뱅 직후 약 38만 년, 우주의 크기가 지금보다 대략 1,000배 정도 작았을 때까지 지속된다.

그러다가 빅뱅 직후 38만 년 정도 되면 우주의 온도가 충분히 떨어져서 플라즈마 상태가 해소되고 전자와 원자핵이 결합해 전기적으로 중성인 원자들이 생성된다. 이렇게 되면 플라즈마에 갇혀 있던 빛이 아무런 방해를 받지 않고 가던 길을 계속 갈 수 있다. 이 빛을 우주배경복사라 한다. 비유적으로 말해 이른 아침 뿌연 안개 때문에 가시거리가 굉장히 짧다가 해가 떠서 안개가 걷히며 멀리 있는 건물까지 잘 보이는 것과 비슷하다. 그래서 우주배경복사가 플라즈마 상태를 빠져나온 이 순간을 '우주가 광학적으로 투명해졌다'고도 표현한다. 그때 이후로 우주배경복사는 전 우주에 골고루 퍼져 있으며 그 스펙트럼은 흑체복사와 같다. 열적 평형 상태의 플라즈마에서 방출된 전자기 열복사의 일종이기 때문이다.

이와 비슷한 현상은 핵폭탄이 터졌을 때에도 일어난다. 핵폭탄이 폭발하면 그때 생긴 섬광이 잠깐 보였다가 사라지고는 다시 섬광이 나타나는데, 이는 중간에 폭발에 따른 강력한 에너지가 주변 물질을 플라즈마 상태로 만들어 빛이 그 속을 빠져나오지 못하기 때문이다.

우주배경복사의 존재를 처음 주장한 사람도 랠프 앨퍼(로버트 허먼과 함께)였다. 이후 천문학자들이 우주배경복사를 찾아 헤맸으나 그 발견의 영광은 천문학을 전혀 모르는 벨연구소의 아노 앨런 펜지어스와 로버트 우드로 윌슨에게 돌아갔다. 이들은 인공위성과의 통신에 사용하는 안테나를 손보던 중 우연히 정체불명의 잡음을 발견했고 이후 그 정체가 우주배경복사임을 알게 되었다. 펜지어스와 윌슨은 그 공로로 노벨상을 받았으나 앨퍼는 노벨상을 받지 못했다.

우주배경복사는 빅뱅 우주론의 가장 강력한 증거 중 하나로 평가받는다. 팽창하는 우주는 빅뱅 우주론말고도 다른 우주론, 예컨대 정상 상태 우주론으로도 설명할 수 있다.

정상 상태 우주론이란 은하들이 계속 멀어지긴 하지만 그건 빅뱅에 의한 팽창 때문이 아니라 끊임없이 물질과 공간이 새로 생겨나기 때문이라고 설명한다. 이 이론에서는 항상 우주의 물질밀도가 일정하게 유지된다. 반면 빅뱅 우주론에서는 시간에 따라 물질의 밀도가 떨어진다. 정상 상태 우주론에서도 우주 곳곳을 떠돌아다니는 빛의 존재가 있을 수 있지만(예컨대 수많은 별이 빛을 낼 테니까), 전방위적으로 특정 온도에서의 흑체복사 스펙트럼을 보일 수는 없다. 스티븐 호킹은 우주배경복사의 발견으로 정상 상태 우주론은 "관 뚜껑에 못을 박았다"고 평가했다.

우주배경복사는 초기 우주의 수많은 정보를 담고 있다. 1990년대 이후로는 인공위성을 띄워 우주배경복사를 높은 정밀도로 관측해왔으며 그 덕분에 2000년대 이후에는 우주론이 정밀과학의 영역으로 진입할 수 있게 되었다.

빅뱅 우주론의 빈틈

빅뱅 우주론이 상당히 성공적이긴 했지만 문제가 전혀 없지는 않았다. 우선 우주의 기하학적 구조가 너무나 평평하다는 게 문제다. 이론적으로 우주 공간의 기하학은 그 곡률이 +인 경우, 0인 경우, −인 경우의 세 가지가 가능하다. 2차원 곡면으로 설명하자면 공의 표면은 곡률이 +인 경우로서 그 표면에서의 삼각형의 내각의 합은 180도보다 크다. 평평한 평면은 곡률이 0이고 삼각형 내각의 합은 180도다. 반면 말안장 모양의 곡면은 곡률이 −이고 그 표면에서의 삼각형의 내각의 합은 180도보다 작다. 이를 3차원적으로 확장하면 3차원 공간의 곡률을 상상할 수 있다. 다만 우리는 3차원 공간 속에 살고 있으므로 우리가 속한 공간의 곡률을 직관적으로 쉽게 이해하긴 어렵다.

문제는 지금 현재 우리 우주의 공간이 대단히 높은 정밀도로 평평하다는 사실에 있다. 이게 왜 문제가 되느냐 하면, 현재의 공간이 평평하려면 태초의 우주 공간은 훨씬 더 높은 정밀도로 평평해야만 하기 때문이다. 빅뱅 초기의 조건이 약간만 어긋나도 금세 중력 수축으로 붕괴하거나 급격히 팽창해버려, 우주가 130억 년이 넘는 오랜 세월에 걸쳐 만든 지금과 같은 모습을 유지할 수 없게 된다. 이를 '평평함의 문제'라고 한다.

또 다른 문제는 '인과성의 문제'다. 우주배경복사를 살펴보면 전 우주에 걸쳐 10만 분의 1 정도의 오차 이내로 균일

한 온도 분포를 나타낸다. 이는 오래전에 우주의 모든 곳이 서로 열적인 평형 상태를 이루었어야 가능한 일이다. 예컨대 어느 가을날 아침의 기온을 쟀더니 서울과 부산, 제주, 광주, 강릉의 기온이 모두 높은 정밀도로 똑같았다고 하면 누구라도 뭔가 이상하다고 생각할 것이다. 문제는 아무리 과거로 시간을 돌리더라도 우주의 이쪽 끝과 저쪽 끝이 서로 상호작용을 하며 열적 평형을 이룰 정도로 가깝지 않은 그런 영역들이 존재한다는 점이다.

이런 문제를 해결하기 위해 등장한 이론이 급팽창inflation 이론이다. 급팽창이란 빅뱅 직후에 우주가 굉장히 짧은 시간 동안 엄청나게 크게 뻥튀기를 했던 과정을 말한다. 만약 탁구공이 급작스럽게 지구만큼 커진다면 작은 탁구공 위를 기어 다니던 개미가 느낄 수 있었던 굴곡을 큰 탁구공에서는 쉽게 느끼지 못할 것이다. 적어도 개미 주변의 스케일에서는 큰 탁구공이 굉장히 평평하기 때문이다. 한편 탁구공이라는 작은 부피 속에서는 그 안의 모든 영역이 인과적으로 상호 작용할 수 있을 만큼 가까워서, 이후에 탁구공이 갑자기 지구만큼 커지더라도 서로가 같은 온도를 유지할 수 있을 것이다. 이처럼 급팽창은 평평함의 문제와 인과성의 문제를 모두 해결할 수 있다.

아직까지는 급팽창의 직접적이고 확실한 증거를 찾지 못했으며, 어떤 메커니즘으로 급팽창이 진행되었는지를 명확하고 깔끔하게 설명하는 이론이 완전히 정립된 것도 아니다. 그러나 급팽창이 있었다는 정황만큼은 적지 않다. 급팽창은 오늘날 표준 우주론의 중요한 요소로 자리 잡고 있다.

우주는 어디로 가고 있나

우주 출생의 비밀이 빅뱅이라면, 그 우주의 미래가 어떨지에도 당연히 관심이 갈 수밖에 없다. 1990년대까지 다수의 과학자는 우주의 팽창 속도가 점점 느려질 것이라고 예상했다. 은하나 은하단 등 중력 작용을 하는 물질이 계속 그 영향력을 발휘하기 때문이다. 이는 마치 공중으로 던진 공이 계속 지면에서 멀어지면서도 그 속력이 점점 줄어드는 것과도 비슷하다. 실제로 한 무리의 과학자들은 이런 추론을 증명하기 위해 초신성을 연구했는데, 그 결과는 정반대로 나왔다. 즉 우주가 팽창하는 정도가 오히려 점점 더 빨라지고 있었다. 이를 우주의 가속팽창이라 한다. 또 다른 독립적인 연구진도 비슷한 결과를 얻었다. 가속팽창은 직관적으로 쉽게 받아들이기 어려운 결과였다. 평범한 중력 작용을 하는 익숙한 물질과는 전혀 다른 어떤 요소가 우주에서 상당한 부분을 차지하고 있어야 하기 때문이다. 가속팽창의 원인이 되는 이 요소를 암흑에너지라 한다. 암흑에너지는 말하자면 반중력의 효과를 준다. 우리가 잘 아는 보통의 물질과는 전혀 다르다. 그 정체가 무엇인지도 아직 잘 모른다.

다만 한 가지 유력한 후보가 있다. 한때 아인슈타인이 자신의 영원불멸한 우주를 만들기 위해 임의로 도입했다가 "생애 최대의 실수"라며 철회했던 우주상수가 바로 그것이다. 우주상수는 말하자면 공간 자체가 가지는 에너지밀도다. 공간 자체의 에너지밀도는 시간에 따라 변하지 않는 양이다. 한편 보통 물질의 밀도는 우주가 팽창함에 따라 작아진다. 따라서 우주 초기에는 물질의 밀도가 크고 우주상수가 큰 역할을 못하지만 시간이 지나면서 그 관계는 역전된다. 지금은 우주를 구성하는 에너지 성분의 약 70퍼센트가 암흑에너지다. 암흑에너지가 시간에 따라 변하지 않는다면 우주상수는 계속 가장 유력한 암흑에너지의 후보로 남겠지만, 그 반대의 경우 다른 대안을 생각할 수밖에 없다.

우리 우주에는 암흑에너지말고도 또 다른 '어두운 구석'

이 있다. 바로 앞서 잠깐 소개했던 암흑물질이다. 암흑물질은 암흑에너지와 용어가 비슷하지만 물리적 성질은 전혀 다르다. 암흑물질은 어쨌든 물질mater로서 보통의 물질과 마찬가지로 중력 작용을 한다. 다만 전자기적인 상호작용을 하지 않기 때문에 그 신호를 잡기가 대단히 어렵다. 그럼에도 그 존재는 중력 작용 때문에 간접적으로 알 수 있다. 암흑물질 또한 그 정체를 아직 모른다. 암흑물질은 우주 전체의 에너지밀도에서 약 25퍼센트 정도를 차지한다. 인간에게 익숙한 물질은 5퍼센트 정도밖에 안 된다. 표준모형의 입자들 중에는 암흑물질 후보가 없다. 즉 암흑물질은 존재 그 자체가 표준모형을 넘어선 새로운 물리학의 결정적인 증거인 셈이다. 그 정체를 아직 특정할 수는 없지만 암흑물질이 어떤 성질을 갖고 있어야 하는지는 대략 알고 있다. 특히, 암흑물질은 상대론적으로 굉장히 빠르게 움직이는 '뜨거운hot' 물질은 아니어야 하고 그런 의미에서 '차가운cold' 암흑물질이어야 한다.

요컨대 지금 우리가 살고 있는 우주의 95퍼센트 정도는 암흑 천지라고 할 수 있다. 인류가 밤하늘을 봐온 것이 수천, 수만 년일 테고 과학 이론으로서 우주 자체를 연구해온 것이 100여 년이다. 그동안 우주에 대해 아주 많은 것을 알아냈다고 자부하고 있음에도 그 결과가 '95퍼센트의 암흑 천지'라면 분명 실망스러운 일이다. 그러나 '알려진 미지known unknown'와 '알려지지 않은 미지unknown unknown'는 다르다. 21세기 현재 우리는 우리가 무엇을 모르는지를 정확하게 알고 있다. 이 자체가 우주를 이해하는 데 큰 진전이라 할 수 있다. 왜냐하면 적어도 지금 수많은 과학자가 암흑물질과 암흑에너지의 정체를 규명하기 위해 엄청난 노력을 기울이고 있기 때문이다. 우리는 우리가 어디에 집중해야 하는지 그 방향을 정확히 알고 있는 셈이다. 그것 또한 과학의 힘이다. 놀랍게도 우주상수(Λ)가 암흑에너지이고 암흑물질은 차가운CDM, cold dark matter 모형이 지금까지는 우주를 관측한 결과와 아주 잘 맞는다. 그래서 이런 우주론 모형을 ΛCDM 모형이라 한다.

우주의 팽창이 가속된다면 먼 미래의 우주는 천문학자들에게 정말 심심한 공간이 될지도 모른다. 우리 은하 주변의 가까운 은하들은 안드로메다를 포함해 중력 작용 때문에 하나로 합쳐지겠지만 다른 수많은 은하는 계속 멀어져 우리가 관측할 수 있는 경계(우주지평선)를 넘어가 버릴 것이기 때문이다. 또한 별에서 만든 헬륨의 양도 엄청나게 많아지면 언젠가는 빅뱅 핵합성이 빚은 헬륨을 초과할 것이고, 우주배경복사의 파장도 훨씬 더 길어져 지금과는 전혀 다른 모습을 보일 것이다. 그렇게 되면 빅뱅의 직접적이고 일차적인 증거들은 세월의 흐름 속에 하나씩 흩어져버릴 것이다. 다행히도 지금 우리가 살고 있는 시대는 우주를 관측하기에 참 좋은 시기다.

물리학의 미래?
궁극의 이론은 존재할까?

뉴턴의 대성공 이래로 자연의 보편법칙을 발견한다는 것은 과학자들 최고의 로망이 되었다. 이는 지금도 마찬가지다. 욕심 많은 과학자들은 그중에서도 다른 모든 과학 이론이 궁극적으로 환원되는 최종심급의 이론 즉 최종이론final theory을 추구해왔다. 의미가 조금씩 다르긴 하지만 만물이론theory of everything, 궁극이론ultimate theory 등으로 불리기도 한다. 최종이론은 다른 그 무엇으로도 환원되지 않으며 다른 모든 이론은 최종이론으로 환원된다. 예컨대 거시적인 열 현상은 분자들의 운동을 통계적으로 다루는 통계역학으로 환원된다. 한편 분자들은 원자들의 집합이고 원자들이 어떻게 결합하는가는 양자역학이 지배한다. 그러나 원자 또한 자연을 구성하는 최소 단위가 아니다. 원자는 전자와 원자핵으로 구성돼 있고 원자핵에는 양성자와 중성자가 있으며, 이들 핵자는 다시 쿼크라는 기본입자들로 만들어진다. 쿼크와 전자들이 어떻게 상호작용하는지는 입자물리학의 표준모형으로 모두 설명할 수 있다. 따라서 분자들의 움직임 또한 궁극적으로는 표준모형으로 환원된다.

안타깝게도 표준모형은 최종이론과는 거리가 멀다. 명칭이 '○○이론'이 아니라 '○○모형'인 것부터가 그렇다. 좁은 의미에서 모형은 다소 임의적이며 대체로 상향식이다. 더 본질적으로, 표준모형에는 중력이 포함돼 있지 않다. 이 우주에 반드시 있어야 하는 암흑물질의 후보도 없다. 임의로 정해줘야 하는 모수가 스무 개 안팎이며 힉스 입자는 그 질량이 양자역학적인 보정을 했을 때 걷잡을 수 없이 커진다. 이런 모든 정황은 표준모형 '너머'에 더 근본적인 이론이 있을 것이라는 암시를 주기에 충분하다. 아마도 그 이론은 최종이론에 한발 더 다가선 모습일 것이다.

표준모형의 한계로부터 그보다 최종이론을 향해 진일보한 이론이 어떤 모습이어야 하는지 힌트를 얻을 수 있다. 암흑물질의 후보가 있어야 하고 구성 요소들의 물리적 성질이 그 이론의 틀 안에서 자연스럽게 설명돼야 하며 중력도 설명할 수 있어야 한다. 중력을 포함해야 한다는 것은 중력을 양자역학적으로 설명할 수 있어야 함을, 즉 양자역학적인 중력이론(양자중력이론)이 있어야 함을 뜻한다. 이는 20세기 내내 물리학자들을 괴롭힌 문제였다.

표준모형을 넘어서기 위한 대안으로 그동안 수많은 이론들이 제안되었다. 초대칭supersymmetry이론, 초중력supergravity 이론, 초끈superstring이론 등이 대표적이다. 여기서 '초super-'가 붙은 것은 이들 이론에서 페르미온과 보손 사이에 대칭성(초대칭성)이 있음을 뜻한다. 이중에서 초끈이론이 지금까지도 최종이론의 유력한 후보로 주목을 받고 있다. 초끈이론이란 초대칭성이 있는 끈이론이다. 끈이론은 1차원적인 끈에 대한 양자역학적 이론이다. 끈이론에서는 자연의 근본단위가 쿼크나 전자 같이 하부구조나 차원이 전혀 없는 점입자point particle가 아니라 1차원적인 끈이다. 끈이론에서는 전자나 쿼크 같은 입자들이 끈의 서로 다른 진동상태로 이해한다. 끈에는 실같이 양끝을 분명하게 정의할 수 있는 열린 끈도 있지만 밴드처럼 고리모양으로 닫힌 끈도 있다. 놀랍게도 닫힌 끈은 중력을 설명할 수 있다. 따라서 끈이론은 양자중력이론의 중요한 후보이다.

19세기가 막을 내리려던 시기에 과학계에서는 과학이 이미 완성되었다는 공감대가 형성돼 있었다. 물론 그런 기대는 헛된 망상임이 곧 드러났고 20세기의 시작과 더불어 상대성이론과 양자역학이라는 혁명을 맞이하게 된다. 그로부터 100년이 지나 20세기가 막 끝나려던 시기에도 최종이론에 관한 기대감이 고조되었다. 특히 1990년대 중반 여러 형태의 끈이론이 통합된 새로운 이론, 즉 이른바 M이론이 제시되면서 기대감은 최고조에 달했다.

그러나 21세기로 넘어가면서 다소 실망스런 결과들이 알려지기 시작했다. 특히 물리적인 상태의 출발점이 되는 '진공상태'가 문제였다. 끈이론에서 구현할 수 있는 진공상태의 경우의 수가 너무나 많아 무려 10^{500} 또는 그 이상($10^{272,000}$)인 것으로 드러났기 때문이다. 이는 끈이론에서 가능한 우주의 개수가 그만큼이나 많다는 뜻이다. 이렇게 많은 진공상태가 펼쳐져 있는 것을 '끈풍경string landscape'이라 한다. 끈풍경은 다중우주multiverse의 존재를 강력하게 시사하는 원인 중 하나다. 실제 적지 않은 과학자들이 그 밖의 여러 다른 동기들로 수많은 우주의 집합체로서의 다중우주를 상정하고 있다. 그중에서 우리는 과연 어떤 우주에 살고 있을까? 우리 우주를 골라낼 수 있는 근본적인 원리는 무엇일까? 과연 그런 원리가 있기나 한 것일까?

이제는 고인이 된 스티븐 호킹을 비롯해 적지 않은 과학자들은 그런 선택의 원리 자체가 없다고 주장한다. 우리는 우연히도 지금 우리 우주의 모습을 한 그런 진공상태에 살고 있을 뿐이다. 다른 우주에서는 물리상수가 다를 수도 있고 심지어 물리법칙조차도 다를 수 있다. 언젠가 아인슈타인은 "내가 정말 관심이 있는 것은 신이 우주를 창조하실 때 다른 어떤 선택의 여지가 있었을까 하는 점"이라고 말한 적이 있다. 호킹의 주장이 옳다면 신에게는 너무나 많은 선택의 여지가 있었던 셈이다. 전통적인 과학자의 관점에서 보자면 이는 무척 당혹스러운 일일 것이다. 세상을 창조할 때 신도 어찌할 수 없는 무언가, 바로 그것을 알고 싶어 하는 것이 아인슈타인을 포함한 많은 물리학자의 로망이기 때문이다. 반대로 아마도 신에게는 대단히 신나는 일이지 않았을까 싶다.

이들 주장에 따르면 역사적인 우연을 과학의 근본 원리로 설명하려는 시도는 어리석은 짓이다. 이와 비슷한 경우가 행성의 공전궤도다. 케플러는 태양과 행성 사이의 거리에 자연의 근본 원리가 숨어 있으리라 여겼고 다섯 개의 플라톤 입체(정다면체)를 도입해 행성 궤도를 설명하려 했다. 그러나 만유인력의 법칙을 알게 된 뒤 행성과 태양의 거리에는 자연의 근본 원리가 관여하지 않음을 알게 되었다. 태양계가 만들어질 때의 역사적인 우연이 지금의 행성 위치를 결정한 중요한 요소이다. 지구는 우연히 태양으로부터 1억 5,000만 킬로미터 거리에 떨어져 있다. 그렇게 지구가 놓인 여러 환경이 적절했기에 생명이 탄생했고 인류 같은 고등 지적 생명체로 진화할 수 있었다. 끈의 풍경 속에서 우리 우주도 그런 우연의 결과물이 아닐까? 그렇다면 수많은 풍경의 가능성 속에서 우리 우주를 선택하려는 근본 규칙을 찾으려는 노력은 헛된 물거품일 뿐이다.

이것이 사실이라면 궁극의 이론을 찾으려는 과학자들의 로망은 엘도라도를 찾아 나선 황금 사냥꾼과 근본적으로 다를 바 없다. 호킹은《위대한 설계》에서 이제 물리이론의 목표와 조건에 대한 우리의 생각을 바꿔야 하는 과학사적 전환점에 도달했다고까지 주장했다. 과학을 연구하는 한 사람으로서 머리를 써서 이성적이고 논리적으로 따져보자면 끈풍경의 존재와 다양한 가능성으로서의 다중우주, 우리 우주의 우연성이라는 결론이 충분히 설득력이 있다. 그러나 과학자의 가슴으로만 생각한다면, 그럼에도 그 풍경을 뛰어넘는 새로운 메타법칙이 존재할 것이고 그것을 꼭 찾고 싶다는 로망을 완전히 버리기도 아깝다.

머지않은 미래에 양자컴퓨터와 인공지능이 무척 발달한다면 $10^{272,000}$에 달하는 모든 풍경을 샅샅이 조사하고 분석해 인간이 알 수 없는 어떤 패턴을 밝혀낼지도 모르겠다. 인공지능은 이미 물리학 연구에서도 광범위하게 사용되고 있다. 물리학을 연구하는 작업은 인간의 가장 창의적인 분야 중 하나라서 인공지능이 대체할 수 있는 마지막 영역이라는 추측이 많다. 그러나 복잡한 데이터를 분석하고 그 속에서 어떤 패턴을 찾아내는 일은 지금도 인공지능이 인간보다 훨씬 더 잘할 수 있다. 여기서 한두 걸음만 더 나간다면 인공지능이 방정식과 같이 보다 추상화된 수준으로 자연의 질서를 찾아낼 수도 있을 것이다. 인공지능이 인간 과학자처럼 대담한 가설을 세우고 그로부터 모형이나 이론을 구축하는 것은 아마도 최후의 단계이지 않을까 싶다. 그 직전의 단계에서라도 만약 인공지능 물리학자가 우주에서 관측한 수많은 데이터를 분석해 인간이 아직 발견하지 못한 새로운 방정식을 제시한다면, 우리는 과연 그 결과를 어떻게 받아들여야 할까? 마치 바둑 기사들이 인공지능 프로그램의 수를 연구하면서 일종의 협업이 이루어지는 것과 비슷한 상황이 연출되지 않을까? 한동안은 왜 그런 방정식이 나왔는지를 알지 못한 채 인공지능이 제시하는 여러 새로운 방정식의 유용함을 검증하고 활용하는 시대가 열릴지도 모른다. 그런 시대가 도래한다면 이는 과학의 역사뿐만 아니라 인류 역사 전체에서도 대단히 획기적인 사변으로, 어쩌면 새로운 과학혁명으로 기록될 것이다.

그런 기계의 도움을 받더라도 자연의 비밀을 좀 더 많이, 하루라도 빨리 알아낼 수 있다면, 아마 대부분의 과학자는 그 상황을 기쁜 마음으로 받아들일 것이다. 나 또한 마찬가지다. 그 시대에는 과학자들에게 자연을 이해하는 것보다 인공지능의 결과를 이해하는 것이 더 중요한 임무가 될지언정 말이다.

참고문헌

갈릴레이, 갈릴레오. *대화*, 사이언스북스, 2016.

갈릴레이, 갈릴레오. *새로운 두 과학*, 사이언스북스, 2016.

고인석. *과학의 지형도*, 이화여자대학교출판부, 2007.

김항배. *우주, 시공간과 물질*, 컬처룩, 2017.

그리빈, 존. 강윤재 · 김옥진 역. *사람이 알아야 할 모든 것 : 과학*, 들녘, 2004.

배것, 짐. 박병철 역. *퀀텀스토리*, 반니, 2014.

서스킨드, 레너드. 김낙우 역. *우주의 풍경*, 사이언스북스, 2011.

쉬어, 윌리엄 · 아르티가스, 마리아노. 고중숙 역. *갈릴레오의 진실*, 동아시아, 2006.

싱, 사이먼. *우주의 기원 빅뱅*, 영림카디널, 2015.

와인버그, 스티븐. 박배식 역. *아원자입자의 발견*, 민음사, 1994.

와인버그, 스티븐. 이종필 역. *최종 이론의 꿈*, 사이언스북스, 2007.

크라우스, 로렌스. 박병철 역. *무로부터의 우주*, 승산, 2013.

팀머만, 악셀. 서유정 역. [과학자가 본 노벨상]_Vol.6 2021 노벨 물리학상, 기후와 인류를 이해할 지식의 토대를 마련하다. IBS(기초과학연구원) Science Lounge. 2021.10.15. https://www.ibs.re.kr/cop/bbs/BBSMSTR_000000000991/selectBoardArticle.do?nttId=20482&pageIndex=1&searchCnd=&searchWrd=.

호킹, 스티븐. 김동광 역. *그림으로 보는 시간의 역사*, 까치, 2021.

Abdalla, E. et al., 'Cosmology Intertwined: A Review of the Particle Physics, Astrophysics, and Cosmology Associated with the Cosmological Tensions and Anomalies', *Journal of High Energy Astrophysics 34*(2022) 49–211.

Feynman, R., Leighton, R., and Sands, M., "The Feynman Lectures on Physics, Volume I", The Feynman Lectures Website, September 2013, https://www.feynmanlectures.caltech.edu/I_01.html.

Griffiths, David J.. *Introduction to Quantum Mechanics*, 2nd Ed., Pearson Education International, 2015.

Laplace, Pierre Simon, *A Philosophical Essay on Probabilities*, translated into English from the original French 6th ed. by Truscott, F.W. and Emory, F.L., New York: Dover Publications, 1951.

Polymenis, M., "Faraday on the fiscal benefits of science", *Nature* 468, 634 (2010), https://doi.org/10.1038/468634d.

The Nobel Prize in Physics 1979. NobelPrize.org. Nobel Prize Outreach AB 2022. Fri. 23 Sep 2022, https://www.nobelprize.org/prizes/physics/1979/summary.

The Nobel Prize in Physics 2021. NobelPrize.org. Nobel Prize Outreach AB 2023. Sun. 1

Jan 2023, https://www.nobelprize.org/prizes/physics/2021/summary.

Weinberg, Steven, *Lectures on Quantum Mechanics*, Cambridge University Press, 2013.

Weinberg, Steven, *Cosmology*, Oxford University Press, 2008.